高等职业教育铁道工程技术专业“十三五”规划教材

铁路路基施工与维护习题集

柏江源　陶光辉　主　编
秦立朝　盛云华　副主编
解宝柱　主　审

中国铁道出版社有限公司

2024年·北　京

内容简介

本习题集是为主教材《铁路路基施工与维护》编写的辅助教学用书，包括路基工程认知、路基地基处理、路基本体施工、路基支挡结构施工、路基排水及防护设施施工、高速铁路路基施工、路基养护与维修7个项目的内容。

本习题集难度适宜，便于学生巩固课内学习效果。本习题集可作为高等职业教育铁道工程技术、高速铁路施工与维护等专业的学习辅助用书，也可作为广大自学者及工程技术人员的自学辅导用书。

图书在版编目（CIP）数据

铁路路基施工与维护习题集/柏江源，陶光辉主编．—北京：中国铁道出版社有限公司，2020.8（2024.6重印）
高等职业教育铁道工程技术专业“十三五”规划教材
ISBN 978-7-113-27068-1

Ⅰ.①铁…　Ⅱ.①柏…　②陶…　Ⅲ.①铁路路基-铁路施工-高等职业教育-习题集　②铁路路基-铁路养护-高等职业教育-习题集　Ⅳ.①U213.1-44　②U216.42-44

中国版本图书馆CIP数据核字（2020）第124183号

书　　名：铁路路基施工与维护习题集
作　　者： 柏江源　陶光辉

策　　划： 陈美玲
责任编辑： 陈美玲　　**编辑部电话：**(010)51873240　　**电子邮箱：**992462528@qq.com
封面设计： 崔丽芳
责任校对： 王　杰
责任印制： 高春晓

出版发行： 中国铁道出版社有限公司（100054，北京市西城区右安门西街8号）
网　　址： http://www.tdpress.com
印　　刷： 三河市兴博印务有限公司
版　　次： 2020年8月第1版　2024年6月第3次印刷
开　　本： 787 mm×1 092 mm　1/16　**印张：** 4.5　**字数：** 115千
书　　号： ISBN 978-7-113-27068-1
定　　价： 20.00元

前言

“铁路路基施工与维护”课程是高等职业院校铁道工程技术、高速铁路工程技术、城市轨道交通工程技术等专业必修的专业课。课程内容涉及铁路路基的构造认知、地基处理、路基本体施工、支挡结构施工、排水及防护工程施工，以及高速铁路路基施工及路基的养护与维修。内容较为全面，突出培养学生处理问题、解决问题的能力，为我国铁路建设和养护维修工作培养能工巧匠。

本习题集作为《铁路路基施工与维护》教材的辅助教学用书，具备如下特点：

(1)针对高等职业教育的特点和在校生的实际状况，适当降低理论计算方面的要求，突出在路基施工及路基维修方面的能力训练。

(2)题型丰富，包括名词解释、填空题、选择题、判断题、识图题和简答题。

(3)内容全面，既注重基础知识的考核，又重视考核学生分析问题的能力，整体难度适中。

(4)考虑了“应用型教材”的特点，编写时注意紧扣相应教材，尽量覆盖教材主体内容，且选择具有典型性、代表性、突出重点的习题。

(5)同类型习题的难易程度形成梯度，即习题难度适中，重点内容的习题多一些，而难度大的习题少一些。

(6)既便于教师教学，又便于学生自我考核。

(7)部分题目配有参考答案，供师生参考(请联系责任编辑获取参考答案)。

本习题集由湖南高速铁路职业技术学院柏江源、陶光辉担任主编，由湖南高速铁路职业技术学院秦立朝、盛云华担任副主编，辽宁铁道职业技术学院解宝柱担任主审。具体编写分工如下：柏江源编写项目1，陶光辉编写项目2，秦立朝编写项目3，盛云华编写项目4，湖南高速铁路职业技术学院谢松平、彭乐宁编写项目5，湖南高速铁路职业技术学院贺超、晏雨田编写项目6，湖南高速铁路职业技术学院陈梅、甄精莲编写项目7。

由于编者水平所限，书中难免会有不足之处，欢迎任课教师和广大读者批评指正，并将意见或建议反馈给我们，编者邮箱为469562935@qq.com。

编 者
2020年6月

项目 1　路基工程认知

典型工作任务 1.1　路基工程特点认知

一、名词解释

1. 铁路路基：

2. 路基强度：

二、填空题

1. 铁路路基是为满足________________和____________而修建的土工结构物。
2. 铁路路基工程主要由____________、________________、____________等部分组成。
3. ________________________是影响铁路路基工程质量和产生病害的基本前提。
4. ________是造成各种铁路路基病害的最主要原因。
5. 铁路路基是经开挖或填筑而形成的直接支承______结构的______结构物。

三、单项选择题

1. 铁路路基是经开挖或填筑而形成的直接支承轨道结构的(　　)结构物。

A. 圬工　　B. 土工

C. 土石　　D. 天然

2. (　　)是造成路基病害的最主要原因。

A. 土质　　B. 列车荷载

C. 水　　D. 温度

3.《铁路路基设计规范》(TB 10001—2016)是以标准轨距(　　)进行路基设计的。

A. 1 000 mm　　B. 1 435 mm

C. 1 800 mm　　D. 2 000 mm

4. 高速铁路是新建铁路旅客列车设计最高速度达到(　　)及以上的铁路。

A. 160 km/h　　B. 200 km/h

C. 250 km/h　　D. 300 km/h

5.《铁路路基设计规范》(TB 10001—2016)中不包括(　　)的路基设计。

A. 高速铁路　　B. 客货共线铁路

C. 城际铁路　　D. 磁悬浮铁路

6. 铁路路基工程应按(　　)进行设计,确保满足强度、稳定性和耐久性的要求。

A. 土工结构物　　B. 圬工结构物

C. 土石方工程　　D. 天然结构物

7. 铁路路基工程的性质和特点描述错误的是(　　)。

A. 由松散的土(石)材料所构成

B. 在各种复杂的变化着的自然条件之下,受外界环境影响大

C. 路基同时受轨道静荷载和列车动荷载的作用

D. 受到自然条件变化的侵袭和破坏少,引起的路基病害少

8. 铁路路基主要由(　　)构成。

A. 路基本体、排水设施和防护加固设施

B. 路基本体、降水设施和基础垫层

C. 路基基面、道床和边坡防护设施

D. 路肩、衬砌和边坡防护设施

四、判断题

1. 新建铁路路基就是路基土石方工程,没有必要当成土工结构物来看待。(　　)
2. 现阶段我国铁路路基设计由强度控制设计逐渐向变形控制设计转变。(　　)
3. 铁路路基边坡防护就是绿色生物防护。(　　)
4. 列车荷载是造成铁路路基病害的原因之一。(　　)
5. 保证路基的稳定性,只需做好路基的排水,无需对路基进行支挡加固。(　　)
6. 路基工程主要由路基本体、路基防护和加固建筑物三大部分组成。(　　)

五、简答题

1. 影响铁路路基稳定性的因素有哪些?

2. 铁路路基工程主要由哪几部分组成?

典型工作任务1.2　路基断面形式及组成认知

一、名词解释

1.路堤：

2.路堑：

二、填空题

1.铁路路基横断面是指________于线路中心线截取的断面，依其所处的地形条件分为______和______两种基本形式。

2.铁路路基本体由________、______、______、路肩和基底几部分组成。

3.铁路路基的基床结构分为__________和__________两层结构。

4.客货共线铁路基床表层厚度为____ m，基床底层厚度为____ m。

5.铁路路基边坡常修筑成______形、______形和______形三种形式。

6.路基边坡的斜率以边坡上下两点间的______与____________之比表示，以____：____表示路基边坡坡率。

7.路基边坡与地面的交点，在铁路路堤中称为____________，在铁路路堑中称为______。

8.有砟轨道两侧路肩的宽度：客货共线设计速度200 km/h铁路不小于____ m；客货共线设计速度200 km/h以下铁路不小于____ m。

三、单项选择题

1.铁路路基顶面中，道床覆盖以外的部分称为（　　）。

A.路基顶面　　B.基床

C.路肩　　D.基底

2.《铁路路基设计规范》(TB 10001—2016)规定客货共线铁路基床总厚度是（　　）。

A.3.0 m　　B.2.7 m

C.2.5 m　　D.2.0 m

3.《铁路路基设计规范》(TB 10001—2016)规定高速铁路无砟轨道基床总厚度是（　　）。

A.3.0 m　　B.2.7 m

C.2.5 m　　D.2.0 m

4.《铁路路基设计规范》(TB 10001—2016)规定高速铁路有砟轨道基床总厚度是（　　）。

A.3.0 m　　B.2.7 m

C.2.5 m　　D.2.0 m

5. 客货共线铁路设计速度 200 km/h 以下的有砟轨道路基路肩宽度不应小于（　　）。

A. 0.8 m　　B. 1.0 m　　C. 1.2 m　　D. 1.4 m

6. 高速铁路有砟轨道双线路基路肩宽度不应小于（　　）。

A. 0.8 m　　B. 1.0 m　　C. 1.2 m　　D. 1.4 m

7. 铁路路基横断面不包括（　　）。

A. 半路堤　　B. 基床

C. 半路堑　　D. 不填不挖路基

8. 铁路路基边坡形式不包括（　　）。

A. 曲线形　　B. 直线形

C. 折线形　　D. 台阶形

9. 铁路设计中，为了满足路基、隧道、桥涵、站场等专业设计以及计算土石方数量等方面的要求，必须测绘（　　）。

A. 线路纵断面图和横断面图　　B. 线路带状地形图和纵断面图

C. 线路带状地形图和横断面图　　D. 局部详细地形图和纵断面图

10. 高填方边坡设计要进行（　　）验算，以免边坡失稳。

A. 强度　　B. 稳定性　　C. 应力　　D. 结构计算

11. 土质路堑边坡的斜率是以（　　）之比表示。

A. 同一坡面上下两点间水平距离与高差

B. 同一坡面上下两点间高差与水平距离

C. 同一横断面上下两点间水平距离与高差

D. 同一横断面上下两点间高差与水平距离

12. 铁路路基边坡坡率以 $1:m$ 表示，当边坡越缓，则 m（　　）。

A. 越大　　B. 越小　　C. 为零　　D. 无穷小

13. 铁路路基基床分为（　　）。

A. 表层、里层　　B. 表层、底层

C. 面层、底层　　D. 面层、里层

14. 路基高度是路基设计标高与（　　）之差。

A. 设计线高程　　B. 原地面高程

C. 路肩高程　　D. 路基顶高程

四、判断题

1. 以开挖方式构成的路基称为路堑。（　　）

2. 铁路路基横断面是指平行于线路中心线截取的断面。（　　）

3. 铁路路基按地形及横断面形式分为路堤、路堑两种形式。（　　）

4. 路堑即铺设轨道的路基面高于天然地面，以填筑方式构成的路基。（　　）

5. 路堤边坡与地面的交点即坡脚。（　　）

6. 路堤边坡坡度是指路肩边缘至路堤坡脚的垂直高度与路肩边缘至路堤坡脚的垂直距离之比。（　　）

7. 路基设计高程指路基面路拱最高点的高程。（　　）

五、识图题

路基横断面识图：指出图中各点的代表位置或字母所代表部位的名称。

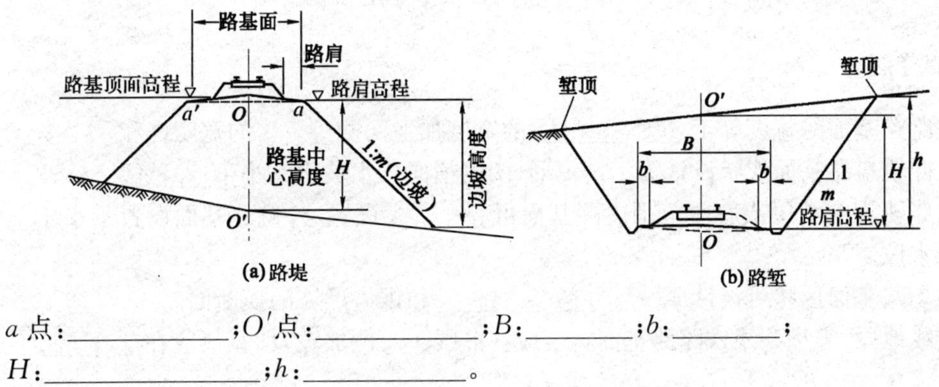

(a)路堤　(b)路堑

a 点：____________；O' 点：____________；B：________；b：________；
H：________________；h：____________。

六、简答题

1. 路肩的作用有哪些？

2. 铁路路基横断面的形式有哪些？

典型工作任务 1.3　路基横断面图识读

一、名词解释

1. 路肩高程：

2. 护道：

3. 线间距：

4. 压实系数：

二、填空题

1. 铁路路基面的宽度等于____________的宽度加上两侧______的宽度之和。

2. 有砟轨道路基面形状设计为______形，两侧横向排水坡不宜小于____%。

3. 无砟轨道支承层或底座范围内路基面可________设置，外侧路基面设置不小于____%的横向排水坡。

4. 站场路基面形状可设计成________、________和锯齿形坡的横断面。

5. 曲线地段，客货共线铁路路基面宽度应在曲线____侧加宽，加宽值应在____________范围内线性递减。

6. 碎石类土、砂类土及其他土质路堑边坡，当边坡没有完全设防护加固工程时，为防止坍落的土和碎石堵塞侧沟，应在侧沟外侧设置不小于______ m 的平台。平台面上应有________向侧沟方向的排水坡。

7. 路基标准横断面仅适用于一般____________条件、________________的普通土质路基。

三、单项选择题

1. 排水沟或取土坑至路堤坡脚应有一定距离，这一位置称为护道，其宽度一般不小于(　　)。

A. 1 m　　B. 1.5 m

C. 2 m　　D. 3 m

2. 有砟轨道铁路缓和曲线范围内的铁路路基面宽度应当(　　)。

A. 不设置曲线加宽　　B. 按圆曲线设置加宽

C. 圆曲线向直线递减设置加宽　　D. 由圆曲线向直线递增设置加宽

3. 铁路路基路堤折线形边坡，上部边坡坡度一般选用(　　)。

A. 1∶1.3　　B. 1∶1.5

C. 1∶2　　D. 1.5∶1

4. 路堤为一般黏性土，最大高度为 20 m 时，路堤下部高度 12 m 的坡度为(　　)。

A. 1∶1　　B. 1∶1.25

C. 1∶1.5　　D. 1∶1.75

5. 对于路肩标高，下列叙述中正确的是(　　)。

A. 以路肩边缘的标高表示路肩标高

B. 以路肩标高加路拱高表示路肩标高

C. 以路基边坡与地面交点标高表示路肩标高

D. 以路肩与道床边坡交点标高表示路肩标高

6. 黏性土路堤边坡高 18 m，则其设计边坡可采用(　　)。

A. 1∶1.75　　B. 1∶1.5

C. 8 m以上用1∶1.5;8 m以下用1∶1.75

D. 按个别设计通过边坡稳定性检算确定

7. 防止路堑边坡坍落的土和碎石堵塞侧沟,在侧沟外侧设置平台,其宽度一般不小于(　　)。

A. 0.5 m　　B. 1.0 m

C. 1.5 m　　D. 2.0 m

8. (　　)不是路堤组成部分。

A. 路基面　　B. 路堤边坡

C. 天然护道　　D. 弃土堆

9. (　　)不是路堑组成部分。

A. 侧沟　　B. 路堑边坡

C. 天然护道　　D. 平台

10. 高度在10 m以内密实碎石类土路堑边坡,建议采用边坡坡率为(　　)。

A. 1∶0.75～1∶1　　B. 1∶0.5～1∶0.75

C. 1∶0.5～1∶1.25　　D. 1∶1～1∶1.5

11. 边坡高度不大于20 m时,弱风化、强风化的硬质岩石边坡坡率建议为(　　)。

A. 1∶0.3～1∶0.75　　B. 1∶0.75～1∶1

C. 1∶0.1～1∶0.3　　D. 1∶0.3～1∶0.75

四、判断题

1. 路肩的高程设置原则应保证路基不致被洪水淹没,也不致在地下水最高水位时因毛细水上升至路肩而产生冻胀或翻浆冒泥等病害。(　　)

2. 非渗水土和岩石的路基面形状为水平面。(　　)

3. 站场内路基面的形状可根据站内股道数目的多少选用单坡形、人字坡或锯齿形,路基面的横向排水坡为2%～4%,并在低谷处设置排水设备。(　　)

4. 滨河、河滩路堤的路肩高程应高出设计水位加壅水高度。(　　)

5. 边坡高度不大于20 m时,其边坡形式及坡度可查表确定。(　　)

6. 不同地层组成的较深路堑,宜在边坡中部或地层分界处设置不小于2 m的边坡平台。(　　)

7. 铁路路基在曲线地段,路基面宽度在曲线外侧和内侧都必须加宽,来满足轨道超高设置。(　　)

8. 铁路路基曲线地段,由于有砟轨道需要设置超高,因而在缓和曲线和圆曲线上路基面加宽值都是相同的。(　　)

9. 当路堑边坡为碎石类土或砂类土、易风化岩石或其他不良土质时,为防止坍落的土和碎石堵塞侧沟,应在侧沟外侧设置平台。(　　)

10. 区间路基面形状设计为水平面,而设置路拱要增加路基工程量。(　　)

五、识图题

路基构造:指出路堤横断面图中各数字或字母所代表部位名称。(单位:m)

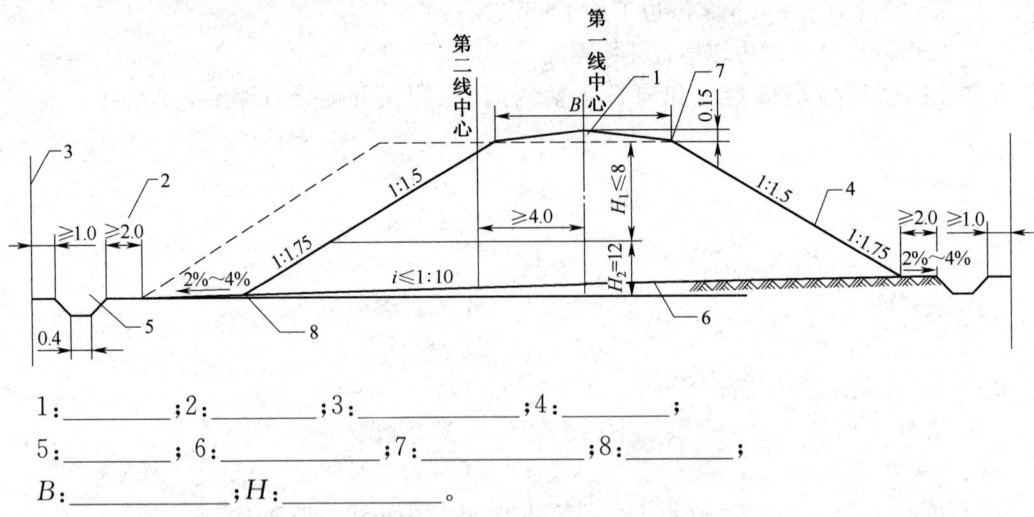

1：________；2：________；3：____________；4：________；

5：________； 6：____________；7：____________；8：________；

B：____________；H：____________。

六、简答题

1. 路堤护道作用是什么？护道宽度要求为多少？

2. 路堑侧沟外的平台起何作用？

典型工作任务 1.4　路基基床构造认知

一、名词解释

1. 基床：

2. D_{15}：

二、单项选择题

1. 路肩高程以下,受列车荷载作用影响显著的路基上部结构称为(　　)。
   A. 基床　　B. 路基面　　C. 路肩　　D. 地基
2. 我国高速铁路基床结构厚度是根据动静比为(　　)确定的。
   A. 1/2　　B. 1/5　　C. 1/10　　D. 1/15
3. 有砟轨道高速铁路路基的基床表层厚度、基床底层厚度及总厚度分别是(　　)m。
   A. 0.6　1.9　2.5　　B. 0.5　1.5　2.0
   C. 0.7　2.3　3.0　　D. 0.4　2.3　2.7

三、多项选择题

1. 基床的作用包括(　　)。
   A. 足够的强度——在列车、施工荷载作用下不破坏,抵抗道砟进入
   B. 足够的刚度——弹性变形小,累积塑性变形也较小
   C. 良好的排水性——防止雨水进入路基引发病害
   D. 良好的防冻特殊作用——消除和减少冻害作用
   E. 良好的施工性能
2. 关于客货共线的路堤基床表层填料的选择说法正确的是(　　)。
   A. 200 km/h 级配碎石;粒径限制≤60 mm
   B. 160 km/h 宜选用碎石类、砾石类中的 A1、A2 组填料; 经济比选可采用级配碎石;粒径限制≤100 mm
   C. ≤120 km/h 优先选用碎石类、砾石类中的 A1、A2 组填料; 其次为碎石类、砾石类中的 B1、B2 组填料; 有经验时可采用化学改良土;粒径限制≤100 mm
   D. 无砟轨道,级配碎石;粒径限制≤60 mm
   E. 应选用级配碎石及 A1、A2 组填料;粒径限制≤60 mm
3. 关于客货共线的路堤基床底层填料的选择说法正确的是(　　)。
   A. 碎石类、砾石类中的 A、B 组填料或化学改良土;粒径限制≤60 mm
   B. 碎石类、砾石类及砂类土中的 A、B 组填料或化学改良土;≤100 mm
   C. 200 km/h 碎石类、砾石类中的 A、B 组填料或化学改良土,粒径限制≤100 mm
   D. 160 km/h 碎石类、砾石类中的 A、B 组填料或化学改良土;粒径限制≤200 mm
   E. ≤120 km/h 碎石类、砾石类及砂类土中的 A、B、C1、C2 组填料或化学改良土 ,粒径限制≤200 mm
4. 无砟轨道铁路、高速铁路及重载铁路基床采用级配碎石、碎石类、砾石类及砂类土填料,应采用(　　)作为控制指标。
   A. 压实系数　　B. 地基系数
   C. 动态变形模量　　D. 静态二次变形模量
   E. 静态一次变形模量
5. 铁路基床采用化学改良土应采用(　　)及(　　)作为控制指标。
   A. 压实系数　　B. 地基系数

C. 动态变形模量　　D. 7 d无侧限抗压强度

E. 静态二次变形模量

6. 高速铁路基床表层采用级配碎石填料，其压实标准说法正确的是(　　)。

A. 压实系数 $K \geqslant 0.97$　　B. 压实系数 $K \geqslant 0.95$

C. 地基系数 $K_{30} \geqslant 190$ MPa/m　　D. 地基系数 $K_{30} \geqslant 150$ MPa/m

E. 动态变形模量 $E_{vd} \geqslant 55$ MPa

7. 时速 160 km 的客货共线铁路路基基床底层采用化学改良土填料，其压实标准说法正确的是(　　)。

A. 压实系数 $K \geqslant 0.95$　　B. 压实系数 $K \geqslant 0.93$

C. 地基系数 $K_{30} \geqslant 100$ MPa/m　　D. 7 d饱和无侧限抗压强度 $q_u \geqslant 350$ kPa

E. 7 d饱和无侧限抗压强度 $q_u \geqslant 550$ kPa

典型工作任务 1.5　路基过渡段认知

一、名词解释

1. 过渡段：

2. 横向结构物：

二、填空题

1. 路基填料根据对原土料的使用方法或加工工艺分为__________、__________和物理改良土及化学改良土。

2. 路基普通填料按粒径大小可分为________土、________土和细粒土三大类别。

3. 铁路路基普通填料按工程性能和级配特征分为 A、B、C、D 组，其中 A 组为__________、B 组为__________、C 组为__________、D 组为________________。

三、单项选择题

1. 在铁路工程中连接路段不设计过渡段的有(　　)。

A. 路堤与桥台　　B. 路堤与横向结构物

C. 路堤与路堑　　D. 路堑与桥台

2. 关于路基过渡段主要处治措施不正确的是(　　)。

A. 在过渡段较软一侧，增大轨道的竖向刚度，减小路基沉降

B. 在过渡段较软一侧，通过设置轨下、枕下、砟底橡胶垫层来降低轨道刚度

C. 使用强度高，变形小的优质填料进行过渡段的填筑

D. 在过渡段较软一侧，增大路基基床的竖向刚度，减小路基沉降

3. 过渡段施工前应做好基坑回填工作，过渡段路基宜与相邻路基(　　)施工。

A. 同步　　B. 相隔 2 d　　C. 相隔 3 d　　D. 相隔 4 d

4. 不属于 A 组填料的是(　　)。

A. 级配良好、细粒含量小于 15%的碎石土

B. 级配间断、细粒含量小于 15%的碎石土

C. 级配良好、细粒含量小于 15%的卵石土

D. 级配良好、细粒含量小于 15%的角砾土

5. 属于优质填料的是(　　)。

A. A 组填料　　B. B 组填料

C. C 组填料　　D. D 组填料

四、判断题

1. 高速铁路、无砟轨道铁路路基与桥台过渡段长度不应小于 30 m。(　　)

2. 有砟轨道铁路横向结构物顶面填土高度大于 3 m，且大于路堤高度的 2/3 时，可不设过渡段。(　　)

3. 当路堤与硬质岩石路堑连接时，在路堑一侧顺原地面纵向开挖台阶，每级台阶宽度不应小于 1.0 m，并在路堤一侧设置过渡段。(　　)

4. 严禁使用有机质含量大于 10%的有机土做填料。(　　)

5. 化学改良土就是在普通填料中掺入粗粒料(中粗砂)，改善其级配条件；掺入较细颗粒(黏粒)，通过提高其黏粉比增强其强度指标。(　　)

五、识图题

路桥过渡段：根据示意图填写以下内容。

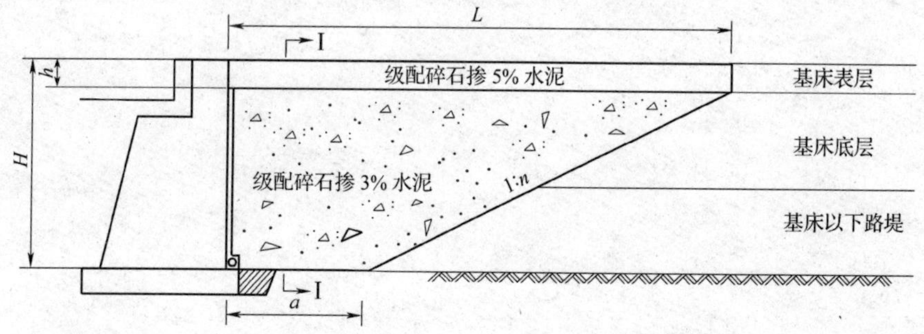

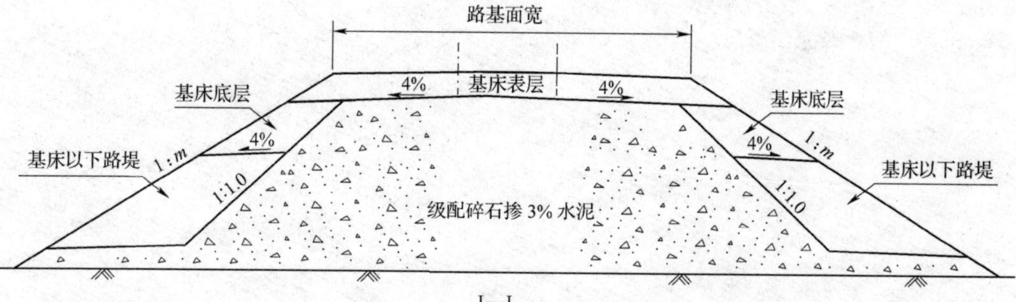

I—I

1. 路桥过渡段长度(用图中符号表示)：______，其长度计算公式：________________；
2. 台后路堤高度(用图中符号表示)：______；
3. 基床表层厚度(用图中符号表示)：______；
4. 过渡段底部沿线路方向长度(用图中符号表示)：______；
5. 过渡段形状：____________；
6. 路基面形状：________；
7. 过渡段填筑材料：_________________，过渡段路基基床表层材料：_________________；
8. 基床底层顶面横向坡度：________；
9. 路基(外)边坡坡率：________；
10. 过渡段(内)边坡坡率：________。

六、简答题

1. 路桥过渡段设置的原因是什么？

2. 路基过渡段有哪些形式？

项目2　路基地基处理

典型工作任务2.1　路基地基处理认知

一、名词解释

1. 路基基底：

2. 地基：

二、单项选择题

1. 铁路路基本体由路基面、路肩、基床、边坡及（　　）几部分组成。
   A. 护坡　　B. 基底
   C. 排水　　D. 支挡
2. 软弱地基是由高压缩性土层构成的地基，其中不包括（　　）。
   A. 淤泥质土　　B. 冲填土
   C. 红黏土　　D. 饱和松散粉细砂土
3. 不属于地基处理目的的有（　　）。
   A. 提高地基承载力　　B. 提高土层抗渗透变形破坏能力
   C. 减少地基变形　　D. 防止水土流失
4. 软土地基成为铁路路基面临的巨大问题，以下不属于软土的是（　　）。
   A. 泥炭　　B. 砂性土
   C. 软黏性土　　D. 淤泥
5. （　　）不属于地基处理方法。
   A. 抗滑桩　　B. 碎石桩
   C. 换填　　D. CFG桩
6. 路基地基处理方案中根据路基地基的承载力不同选择不同的处理方案，对于软土地基一般采用（　　）。
   A. 排水疏干、清基换填、抛填片石的施工方案
   B. 降水、抽水、清表的处理方案
   C. 粉喷桩、旋喷桩、塑料排水板、砂桩、碎石桩等加固施工方案
   D. 排水固结、堆载预压、强夯的施工方案

三、简答题

1. 铁路路基地基处理常用方法有哪些？

2. 什么是地基处理？

典型工作任务 2.2 换填施工

一、名词解释

1. 换填：

2. 地基浅层处理：

二、填空题

1. 换填法适用于____________地基及__________地基处理。

2. 换填设计不但要满足建筑物对____________________的要求，而且应符合经济合理的原则。

3. 换填设计的内容主要是确定断面的合理________和________。

4. 换填层厚度应根据需置换软弱土的________或________________确定。

三、单项选择题

1. 换填法适用于（　　）。

A. 所有的土层　　B. 全部软弱土

C. 部分软弱土　　D. 膨胀土

2. 换填法不适用于(　　)。

A. 湿陷性黄土　　B. 杂填土

C. 深层松砂地基　　D. 淤泥质土

3. 在人工填土地基的换填垫层法中,(　　)不宜于用作填土材料。

A. 级配砂石　　B. 矿渣

C. 膨胀性土　　D. 灰土

4. 灰土作为垫层材料进行换填施工时,灰土的体积比为(　　)。

A. 9∶1　　B. 8∶2　　C. 6∶4　　D. 2∶8

5. 在用换填法处理地基时,确定垫层厚度的依据是(　　)。

A. 垫层土的承载力　　B. 垫层底面处土的自重压力

C. 下卧土层的承载力　　D. 垫层底面处土的附加应力

6. 线路通过软弱土层位于地表、厚度很薄(小于 3 m)且呈局部分布的软土地段,可采用的软土路基处理方法为(　　)。

A. 抛石挤淤法　　B. 开挖换填法

C. 爆破法　　D. 袋装砂井法

7. 根据现行铁路路基工程质量检验标准,地基处理换填采用机械挖除时,应预留厚度(　　)cm 的保护层由人工清理。

A. 20～30　　B. 30～50

C. 50～80　　D. 80～100

四、判断题

1. 换填法适用于深层软弱地基的处理。(　　)

2. 换填法适用于不均匀地基的处理。(　　)

3. 粉煤灰和矿渣可以用于换填法处理地基的材料。(　　)

4. 换填设计只要满足建筑物对地基变形的要求。(　　)

五、简答题

1. 换填垫层类型有哪些?

2. 换填施工主要工艺流程有哪些?

典型工作任务 2.3　排水固结法加固地基施工

一、名词解释

1. 排水固结法：

2. 袋装砂井排水固结法：

二、填空题

1. 排水固结法是由＿＿＿＿＿＿和＿＿＿＿＿＿两部分共同组成。
2. 竖向袋装砂井和砂垫层的设置，为土体孔隙水的排除提供了良好的＿＿＿＿＿＿。
3. ＿＿＿＿＿＿加大了孔隙水所受的压力差，从而加快了地基的固结速度。
4. 袋装砂井灌入砂袋的砂采用风干的＿＿＿＿＿，且含泥量不得大于＿＿＿。
5. 袋装砂井施工中，安设套管时，所用套管直径应略＿＿＿＿砂井直径。
6. 塑料排水板末端伸出导管底，用＿＿＿＿将其别在导管底端，并使其在下沉过程中能阻止泥沙进入套管。
7. 打设塑料排水板时严禁出现＿＿＿＿、＿＿＿＿和撕破滤膜等现象，打入地基的塑料排水板宜为＿＿＿＿。
8. 检查塑料排水板施工情况，符合验收标准后方可移机，打设下一根，否则需在＿＿＿＿处补打。
9. 塑料排水板施工中主要从＿＿＿＿＿＿、＿＿＿＿和＿＿＿＿三个方面进行质量控制。

三、单项选择题

1. 袋装砂井灌入砂袋的砂采用风干的(　　)，且含泥量不得大于3%。
   A. 细砂　　B. 粉砂
   C. 中粗砂　　D. 砂土
2. 袋装砂井施工中，套管拔出后，砂袋应露出井口(　　)m以上。
   A. 0.2　　B. 0.3
   C. 0.4　　D. 0.5
3. 袋装砂井在套管拔出后，检查砂袋是否有随套管上拔现象，当上拔深度超过(　　)m时，要重新补打。
   A. 0.2　　B. 0.3
   C. 0.4　　D. 0.5
4. 砂井袋按设计长度加(　　)m裁剪，以保证灌制后砂袋长度满足设计要求。
   A. 0.2　　B. 0.3
   C. 0.4　　D. 0.5

5. 塑料排水板的优点描述错误的是(　　)。

A. 滤水性好、排水畅通,能确保良好的排水效果

B. 有一定的强度和延伸性,适应地基变形能力强,且不影响排水性能

C. 排水带断面尺寸大,插板时对地基扰动大

D. 可在超软弱地层中进行插板施工

四、判断题

1. 袋装砂井的竖向砂袋穿过可能出现土体滑动带的地基,能够起到竖向加筋抗滑作用,有利于地基的稳定性。(　　)

2. 竖向袋装砂井和砂垫层的设置,为土体孔隙水的排除提供了良好的排水通道。(　　)

3. 袋装砂井施工中,安设套管时,所用套管直径应略小于砂井直径。(　　)

4. 砂井袋按设计长度加 0.5 m 裁剪,以保证灌制后砂袋长度满足设计要求。(　　)

5. 塑料排水板施工中主要从打设深度和间距两个方面进行质量控制。(　　)

6. 排水固结法是由排水系统和加压系统两部分共同组成,用于解决软黏土地基沉降和稳定问题。(　　)

五、简答题

1. 袋装砂井加固机理是什么?

2. 简述塑料排水板施工工艺。

典型工作任务 2.4 强夯法加固地基施工

一、名词解释

1. 强夯法：

2. 重锤夯实：

二、填空题

1. 强夯法适用于处理__________、_________、低饱和度的粉土与黏性土 、湿陷性黄土、杂填土和素填土等地基。

2. 影响强夯法有效加固深度的因素很多，除了________和________外，还有地基土层的性质、不同土层的厚度等。

3. 强夯法夯击次数的确定应按现场试夯得到的____________、____________关系曲线确定。

4. 强夯法施工两遍夯之间应有一定的时间间隔，间隔时间取决于土中超静孔隙____________的消散时间 。

5. 强夯法施工夯击点位置可根据基底平面形状，采用______________、_______________和____________布置。

三、单项选择题

1. 强夯法施工两遍夯之间应有一定的时间间隔，对于渗透性较差的黏性土地基，间隔时间不应少于(　　)周；对于渗透性好的地基可连续夯击。

   A. 1～2　　B. 2～3　　C. 3～4　　D. 4～5

2. 强夯法夯击点位置可根据基底平面形状采用以下几种形状布置，其中描述不正确的是(　　)。

   A. 等边三角形　　B. 圆形
   C. 等腰三角形　　D. 正方形

3. 强夯法处理范围应大于建筑物基础范围，每边超出基础外缘的宽度为基底下设计处理深度的 1/3～1/2，并不宜小于(　　)m。

   A. 3　　B. 4　　C. 5　　D. 6

4. 强夯时会对地基及周围建筑物产生一定的振动，夯击点应距现有建筑物(　　)m 以上。

   A. 5　　B. 10　　C. 15　　D. 20

5. 强夯法处理地基时，第一遍夯击点间距可取夯锤直径的(　　)倍，第二遍夯击点应位于第一遍夯击点之间。

   A. 1.5～2.5　　B. 2.5～3.5　　C. 3.5～4.5　　D. 4.5～5.5

四、判断题

1. 强夯法夯击次数确定应按公式计算得到的夯击次数和夯沉量关系曲线确定。　（　　）

2. 强夯法施工两遍夯击之间应有一定的时间间隔，对于渗透性较差的黏性土地基，间隔时间不应少于4～5周；对于渗透性好的地基可连续夯击。　（　　）

3. 强夯法处理范围应大于建筑物基础范围，每边超出基础外缘的宽度为基底下设计处理深度的1/3～1/2，并不宜小于6 m。　（　　）

4. 强夯法制作夯锤，夯锤底采用圆形，重量符合夯实要求。　（　　）

5. 夯击点应距现有建筑物15 m以上，如间距不足，在夯点与建筑物之间应开挖减振沟，减振沟深度要求超过建筑物深度，并有足够的长度。　（　　）

典型工作任务2.5　碎石(砂)桩加固地基施工

一、名词解释

1. 碎石桩：

2. 砂桩：

二、填空题

1. 挤密碎石(砂)桩法加固砂性土地基的主要目的是________、________和________。

2. 碎石桩按其制桩工艺分为________和________两大类。

3. 振冲碎石桩施工顺序一般采用________或________的顺序进行。

4. 振冲碎石桩在软黏土地基中施工时，要考虑减少对地基土的扰动，宜用________的方式。

5. 碎石(砂)桩加固黏性土地基，碎石(砂)桩的刚度比桩周黏性土大，且地基中应力按材料变形模量进行重新分配。因此，大部分荷载将由________承担。

6. 振冲碎石桩在强度很低的软土地基中施工时，要采用“________”的方法。

7. 沉管法碎石桩施工的制桩包括______、______和______三个过程。

三、单项选择题

1. 不属于砂性土地基加固原理的是（　　）。

A. 挤密作用　　B. 振密作用

C. 置换作用　　D. 抗液化作用

2. 属于黏砂性土地基加固原理的是(　　)。

A. 挤密作用　　B. 振密作用

C. 排水作用　　D. 抗液化作用

3. 振冲碎石桩在软黏土地基中施工时,要考虑减少对地基土的扰动,宜用(　　)的方式。

A. 先中间后周边　　B. 一边推向一边

C. 连续打设　　D. 间隔跳打

4. 振冲碎石桩成孔时,当振冲器达到设计处理深度以下(　　)m 时,开始向上提起,直到孔口。

A. 0.2～0.4　　B. 0.3～0.4

C. 0.3～0.5　　D. 0.4～0.5

5. 沉管法碎石桩制桩完成时,桩顶高程一般应高出基础底面(　　)m,这段高度称为桩顶超高。

A. 0.4～0.6　　B. 0.5～0.8

C. 0.6～0.9　　D. 0.5～1.0

四、判断题

1. 砂桩法适用于挤密松散砂土、粉土、黏性土、素填土、杂填土等地基。(　　)

2. 碎石(砂)桩复合地基除了可提高地基承载力、减少地基沉降量外,还可提高土体抗剪强度,增大土坡的抗滑稳定性。(　　)

3. 对于黏性土地基,碎石(砂)桩的作用是使地基挤密,不是置换。(　　)

4. 对于砂性土地基,碎石(砂)桩的作用是使地基挤密、振密,不是置换。(　　)

5. 振冲碎石桩在软黏土地基中施工时,要考虑减少对地基土的扰动,宜用间隔跳打的方式。(　　)

6. 振冲碎石桩在强度很低的软土地基中施工时,要采用“先制桩、后护壁”的方法。(　　)

7. 沉管法碎石桩施工的制桩过程中,每次击实时一般先轻击、后重击,锤底一般不超过管口。(　　)

8. 由挤密法处理过的软土地基,主要由砂桩来承受路基传递来的压力。(　　)

五、简答题

1. 简述碎石(砂)桩在砂性土地基中的加固原理。

2. 简述碎石(砂)桩在黏性土地基中的加固原理。

典型工作任务 2.6 CFG 桩加固地基施工

一、名词解释

1. CFG 桩：

2. 褥垫层：

二、填空题

1. CFG 桩适用于处理________、________、________和正常固结的素填土等地基。

2. CFG 桩和其他复合地基的桩型相比，它的________作用较为突出，这是 CFG 桩的一个重要特征。

3. CFG 桩的加固原理主要有________________、________________和________________等三种作用。

4. CFG 桩的施工方法包括______________________________和____________________等两种方法。

三、单项选择题

1. 不属于 CFG 桩加固原理的是(　　)。

A. 挤密置换作用　　B. 桩体作用

C. 褥垫层　　D. 抗液化作用

2. CFG 桩的一个重要特征是：CFG 桩和其他复合地基的桩型相比，它的(　　)作用突出。

A. 置换作用　　B. 桩体作用

C. 褥垫层　　D. 抗液化作用

3. CFG 桩用于不可挤密的黏性土时，其承载力的提高只是(　　)作用的结果。

A. 置换　　B. 桩体

C. 褥垫层　　D. 抗液化

4. CFG 桩采用长螺旋钻孔、管内泵压混合料灌注成桩法施工，以下不适合的地基土类别是(　　)。

A. 黏性土　　B. 粉土

C. 碎石土　　D. 砂土

5. CFG 桩采用振动沉管法施工，以下不适合的地基土类别是(　　)。

A. 黏性土　　B. 粉土

C. 密实的砂土　　D. 松散的砂土

四、判断题

1. CFG 桩的褥垫层材料宜用卵石。 ( )

2. 振动沉管 CFG 桩施工方法可以提高复合地基承载力，减少地基变形以及消除地基液化。 ( )

3. CFG 桩采用长螺旋钻孔、管内泵压混合料灌注成桩法施工，当钻杆芯管内充满混合料后开始拔管，采用静止提管时，提管速度应控制在 3 m/min 左右。 ( )

4. CFG 桩顶端应清理干净，直至露出新鲜混凝土面。 ( )

5. CFG 桩和桩间土、褥垫层一起形成复合地基。 ( )

五、简答题

1. CFG 桩的桩体材料有哪些？

2. 简述 CFG 桩的加固原理及适用范围。

典型工作任务 2.7　高压旋喷桩加固地基施工

一、名词解释

1. 高压旋喷桩：

2. 注浆：

二、填空题

1.高压旋喷桩可用于________建筑和________建筑地基的处理。

2.旋喷桩能利用小直径钻孔旋喷成比孔径大________倍的大直径固结体，可用于已有建筑物地基加固而不扰动附近土体。

3.高压旋喷桩的施工方法包括______________、______________、______________和______________四种。

4.高压旋喷桩施工主要机具设备包括________、________和______________等。

5.高压旋喷桩施工时，先送高压水，再送__________和__________。

三、单项选择题

1.旋喷桩施工，进场前应清除施工场地地面以下（　　）m以内的障碍物，不能清除的要做好保护措施，然后整平、夯实。

A.1　　B.2　　C.3　　D.4

2.由于旋喷桩施工过程中会产生（　　）的返浆量，需将废浆液引入沉淀池中，沉淀后的清水根据场地条件可进行无公害排放。沉淀的泥土则在开挖基坑时一并运走。

A.5％～10％　　B.10％～20％

C.15％～20％　　D.20％～30％

3.旋喷桩施工前必须进行试桩，根据实际情况确定浆液配比、喷射压力、喷浆量等技术参数，试桩数量不少于（　　）根。

A.1　　B.2　　C.3　　D.4

4.旋喷桩施工在插管过程中，为防止泥沙堵塞喷嘴，要边射水边插管，水压不得超过（　　）MPa。

A.1　　B.2　　C.3　　D.4

5.旋喷桩施工，为保证桩底端的质量，喷嘴下沉到设计深度时，在原位置旋转（　　）s左右，待孔口冒浆正常后再旋喷提升。

A.10　　B.20　　C.30　　D.40

6.为防止相邻高压旋喷孔施工时串浆，高压旋喷桩施工时采用隔两孔施工的方法，同时保证相邻旋喷桩施工时间间隔不少于（　　）h。

A.10　　B.12　　C.24　　D.48

7.旋喷桩在施工前检查喷射工艺是否适合地质条件，应作工艺试喷，试喷在原桩位位置试喷，试喷桩孔数量不得少于（　　）孔，必要时调整喷射工艺参数。

A.1　　B.2　　C.3　　D.4

8.旋喷桩施工时，为提高桩底端质量，在桩底部（　　）m范围内应适当增加钻杆旋喷时间。

A.1.0　　B.2.0　　C.3.0　　D.4.0

9.高压旋喷桩施工质量检查应在高压喷射注浆结束后（　　）周内进行，检查内容主要是取芯试验。

A.1　　B.2　　C.3　　D.4

四、判断题

1. 高压旋喷桩施工单管法和二重管法常用于咬合桩防水帷幕等工程。 (　　)

2. 旋喷桩施工时,为提高桩底端质量,在桩底部 1.0 m 范围内应适当增加钻杆旋喷时间。 (　　)

3. 旋喷桩施工在插管过程中,为防止泥沙堵塞喷嘴,要边射水边插管,水压不得超过 1 MPa,以免压力过高,将孔壁射穿,高压水喷嘴要用塑料布包裹,以防泥土进入管内。 (　　)

4. 旋喷桩在施工前应检查喷射工艺是否适合地质条件,且应作工艺试喷,试喷在原桩位位置试喷,试喷桩孔数量不得少于 3 孔,必要时调整喷射工艺参数。 (　　)

5. 为防止相邻高压旋喷孔施工时串浆,高压旋喷桩施工时采用隔两孔施工的方法,同时保证相邻旋喷桩施工时间间隔不少于 24 h。 (　　)

6. 旋喷桩施工穿过砂层时,应采用浓泥浆护壁成孔,必要时可下套管护壁,以防坍孔。 (　　)

典型工作任务 2.8　灰土(水泥土)挤密桩加固地基施工

一、名词解释

1. 灰土挤密桩:

2. 夯击次数:

二、填空题

1. 灰土挤密桩适用于地下水位以上的__________、__________和__________等地基。

2. 灰土挤密桩是用_______和_______按一定体积比例(2∶8 或 3∶7)拌和,并在桩孔内夯实加密后形成的桩。

3. 灰土挤密桩施工备料时,实地可用“________________”的标准来鉴定含水率,备好的灰土料应做到不隔日使用。

4. 灰土挤密桩成孔施工顺序宜按_______法进行。

5. 灰土挤密桩桩孔检查时,如遇塌孔或缩径现象,则采用__________处理。

三、单项选择题

1. 灰土挤密桩是用石灰和土按一定体积比例(　　)拌和,并在桩孔内夯实加密后形成的桩。

A. 1∶9　　　　B. 2∶8

C. 3∶7　　　　D. 2∶8 或 3∶7

2. 当地基土的含水率大于(　　)%，饱和度大于(　　)%时，不宜选用灰土挤密桩。

A. 25　45　　B. 24　65

C. 15　35　　D. 20　60

3. 灰土挤密桩夯填成桩施工填料前，进行孔底夯实，至少击实(　　)次，填料时可采用每 0.05 m^3击实 6 次进行成桩。

A. 3　　B. 4

C. 5　　D. 6

4. 灰土挤密桩夯填施工，夯锤落距要经常检查，确保落距在(　　)之间，夯锤直径应比桩孔直径小 60～120 mm。

A. 1 000～1 500 mm　　B. 1 000～1 800 mm

C. 1 000～2 000 mm　　D. 1 000～2 500 mm

5. 灰土挤密桩所用土料可采用就地挖出的黏性土及塑性指数 I_p>(　　)的粉土。

A. 3　　B. 4

C. 5　　D. 6

四、判断题

1. 灰土挤密桩处理地基的深度为 5～15 m。(　　)

2. 灰土挤密桩施工备好的灰土料可以隔日使用。(　　)

3. 灰土挤密桩成孔施工顺序宜按间隔法进行。(　　)

4. 灰土挤密桩夯填成桩施工填料前，进行孔底夯实，至少击实 4 次，填料时可采用每 0.05 m^3击实 6 次进行成桩。(　　)

5. 灰土挤密桩桩孔检查时，如遇塌孔或缩径现象，则采用回填灰土复打处理。(　　)

典型工作任务 2.9　土工材料加固地基施工

一、名词解释

1. 土工合成材料：

2. 土工格室：

二、填空题

1. 按国际土工合成材料协会分类法，土工合成材料产品可分________、________、________、和________四大类型。

2. 土工合成材料主要具有________、________、________、________、防渗、防护等作用。

三、判断题

1. 土工合成材料中用于地基加固补强的常用材料为土工格栅、土工格网以及土工布等材料。（ ）

2. 加筋土是一种土和抗拉筋材的组合体，通过土与加筋之间的摩擦力使之成为一个整体，提供锚固力保证支挡建筑物的稳定。（ ）

项目 3　路基本体施工

典型工作任务 3.1　施工前的准备工作

一、名词解释

1. 土的松方系数：

2. 土的沉陷系数：

二、填空题

1. 一般路基施工内容包括路基施工准备、____________、____________、既有线改建与增建第二线路基工程施工及检测内容等方面内容。

2. 天然土体或岩石在施工过程中的变化，一般可以概括为____________、____________、____________三种状态。

3. 当处理相同质量的土石方时，其体积变化可用土石变化率的________________、________________和________________三个系数来表示。

三、单项选择题

1. 天然土体或岩石在施工过程中的变化，一般可以概括为三种状态，以下不属于其中的是(　　)。

A. 自然状态　　B. 松散状态

C. 密实状态　　D. 改良状态

2. 当处理相同质量的土石方时，其体积变化可用土石变化率的三个系数来表示，以下不属于其中的是(　　)。

A. 土的松方系数　　B. 土的效率系数

C. 土的压实系数　　D. 土的沉陷系数

四、判断题

1. 土质调查不需要现场勘察取样，根据目测选择合理的填料，只要压实度满足要求即可。(　　)

2. 土质调查时填料的鉴定需现场勘察取样，通过试验确定填料类别，提供检验指标数据，选择确定取土场地。 （ ）

3. 填料取土场土质调查，在土源区挖掘数处试验坑，分层取样，进行物理力学试验。 （ ）

五、简答题

1. 路基施工前要做哪些准备工作？

2. 路基填料土质调查包括哪些内容？

典型工作任务 3.2 路堤填筑施工

一、名词解释

1. 路基工后沉降：

2. 路基填料：

二、填空题

1. 铁路路基填筑施工中，常用的施工机械有________、________、________等(列出三种)。

2. 路堤普通填料按颗粒粒径大小分为三大类，分别为________、________、________。

3. 路堤填料按颗粒组成、形状、级配、细粒含量等分为 A、B、C、D 组，其中 A 组为________、B 组为________、C 组为________。

4. 路基填料根据对原土料的使用方法或加工工艺分为________、________、物理改良土、化学改良土。

5. 路基填筑压实顺序应按________、________、________的操作程序进行碾压。

6. 基床表层压实，采用振动压路机碾压，先______后______碾压，碾压时要先轻后重、先慢后快。

7. 基床表层压实，直线段由________向________碾压，即先______后______。

8. 基床表层压实，曲线段由______向________进行碾压。

三、单项选择题

1. 路基分层填筑压实，压路机走行三行，相邻两行中间重叠至少(　　)m。
   A. 0.2　　B. 0.3　　C. 0.4　　D. 0.5

2. 为保证填土路堤全断面的压实一致，确保边坡压实质量，边坡两侧各超填(　　)m，竣工时刷坡整平。
   A. 0.2～0.3　　B. 0.3～0.4
   C. 0.4～0.5　　D. 0.5～0.6

3. 路基填筑压实，各区段交接处应互相重叠压实，纵向搭接长度不小于(　　)m，沿线路纵向行与行之间压实重叠应在(　　)m 以上。
   A. 1　0.4　　B. 1　0.5
   C. 2　0.4　　D. 2　0.5

4. 填土在一定的压实功能下，最优含水率是指(　　)。
   A. 最易施工的含水率　　B. 填土施工许可的最大含水率
   C. 产生填土最大密实度的含水率　　D. 填土施工许可的最小含水率

5. 填筑路堤宜按(　　)的工艺组织施工。
   A. 两阶段、三区段、八流程　　B. 三阶段、四区段、八流程
   C. 两阶段、四区段、六流程　　D. 三阶段、四区段、十流程

6. 路基填筑施工的四区段是指(　　)。
   A. 填土区段、整平区段、压实区段和检测区段
   B. 准备区段、整平区段、压实区段和验收区段
   C. 填土区段、整修区段、压实区段和检测区段
   D. 准备区段、整修区段、压实区段和验收区段

7. 八流程即(　　)、摊铺整平、洒水晾晒、碾压密实、检测签证和路基修整。
   A. 施工准备、地下水处理、分层填土
   B. 施工准备、地基处理、分层填土
   C. 施工准备、地基处理、冲击填土
   D. 施工准备、整理、分层填土

8. 路基填筑时，所有用于路基填筑的填料均应符合设计和相关规范的要求。填料中的土块应打碎，填料的粒径不得大于填筑层厚度的(　　)。
   A. 1/2　　B. 3/4　　C. 2/3　　D. 1/3

9. 铁路路基填筑时，当渗水土填在非渗水土上时，非渗水土层顶面应向两侧做成不小于(　　)的横向排水坡。

A. 4%　　B. 5%　　C. 6%　　D. 3%

10. 铁路路基基床填筑各层中不得掺入(　　)。

A. 冻土　　B. 原状土　　C. 改性土　　D. 石块

11. 关于路基基床填筑要求，正确的是(　　)。

A. 基床结构分基床表层、基床底层和路堤本体三部分

B. 基床底层的顶部和基床以下填料的顶部应设置 2%的人字排水坡

C. 基床表层填料应可选用级配碎石、A、B 组填料或改良土

D. 基床底层填料可选用 A、B、C、D 组填料或改良土

12. 对路堤基床的填料，最好使用(　　)。

A. 有机土　　B. 黏土　　C. 渗水土　　D. 无法确定

四、判断题

1. 路基填筑压实工艺各区段各流程内只允许进行该段和该流程的作业，不允许几种作业交叉。(　　)

2. 对于路堤高度大于基床厚度，且原地面横坡缓于 1∶10 的地段，一般经预压后可直接填筑在天然地面上。(　　)

3. 原地面横坡缓于 1∶10 的地段，应先开挖搭接平台，进行台阶处理，搭接平台宽度不小于 2 m。(　　)

4. 路基填筑当原地面高低不平时，应从最高处分层填筑，由中心向两边填筑。(　　)

5. 不同土层的填料应分层填筑，不得混填，每一水平层的全宽应用同一种填料填筑。(　　)

五、简答题

1. 简述路基填筑“三阶段、四区段、八流程”内容。

2. 在路基分层填筑流程中，应注意哪些施工事项?

3. 铁路路基填筑碾压工艺中压实顺序有何规定？

典型工作任务 3.3 路堑开挖施工

一、名词解释

1. 横挖法：

2. 分层纵挖法：

3. 通道纵挖法：

二、填空题

1. 路堑施工，对于开挖出的各种土方，应尽可能用于____________。

2. 不论开挖工程量和开挖深度大小，土方开挖均应________________进行，不得____________、严禁掏洞取土。

3. 混合开挖法是先沿路堑________挖通道，然后沿________坡面挖掘，以增加开挖坡面。

4. 对于石方路堑的开挖，凡不能采用机械或人工直接开挖的石方，应采用________方法开挖。

三、单项选择题

1. 路堑开挖时，山坡下侧的弃土堆应每隔 50～100 m 设不小于(　　)m 的缺口排水。

A. 0.5　　B. 1　　C. 1.5　　D. 2

2. 用机械按横挖法挖路堑时，可在不同高度处分几层台阶开挖，每层台阶高度宜为(　　)m。

A. 0.5～1.0　　B. 1～2　　C. 2～3　　D. 3～4

3. 对于路堑较长、较深，两端地面纵坡较小的路堑开挖宜采用(　　)。

A. 横挖法　　B. 通道纵挖法

C. 全断面横挖法　　D. 分段纵挖法

4. 对于路堑较长、弃土运距过远的傍山路堑，且其一侧路堑不厚时，开挖宜采用(　　)。

A. 横挖法　　B. 分层纵挖法

C. 分段纵挖法　　D. 通道纵挖法

四、判断题

1. 铁路路基路堑应自下而上进行开挖，有利于施工安全的控制。(　　)
2. 分层纵挖法适用于较短而深的路堑开挖。(　　)
3. 横挖法适用于较短的路堑开挖。(　　)
4. 石方路堑的开挖，对于软石或强风化岩石，能用机械直接开挖的均应采用机械开挖。(　　)
5. 以开挖方式构成的路基称为路堑。(　　)
6. 高边坡开挖应边开挖、边支护，确保边坡稳定和施工安全。(　　)

五、简答题

1. 根据路堑深度和纵向长度不同，土方路堑开挖的方式有哪些？

2. 试述爆破法开挖石方路堑施工程序。

典型工作任务 3.4　既有线改建及增建第二线施工

一、填空题

1. 既有线改建与增建第二线的路基施工与新线路基施工的显著不同点是施工要在保证既有线的________、________的前提下进行。

2. 既有线中线不动，路基降低值小于 0.3 m 时，可采用________或________的办法施工，然后开挖基床顶面，并暂用道砟填充，待完成一定长度后，再统一降低。

二、判断题

1. 改建既有线，通常不能一次建成，而是要经过几次逐层填挖方能完成。(　　)
2. 在改建既有线设计中，应尽可能避免降低既有线路段的路肩高程。(　　)

三、简答题

1. 改建既有线施工，应注意哪些问题？

2. 简述既有线中线不动，路基增高量大于 0.5 m 时的施工程序，并绘图说明。

3. 增建第二线路基施工中，对于石质路堑的施工方法有哪些？

典型工作任务 3.5 路基施工检测

一、名词解释

1. 压实系数：

2. 地基系数：

二、填空题

1. 检测路基压实质量的方法大致分为两大类，一类主要用于检测填料的____________，另一类主要用于检测填料的____________及稳定性。

2. 环刀法检测压实系数只适用于____________和____________。

3. 灌砂法现场测定土的密度的原理是利用均匀颗粒的砂去置换______________，计算填土的______________和____________。

4. 现场可以利用核子湿度仪以________法和____________法测定土壤、土石混合物及沥青混合物的密度和含水率，进而对铁路路基填筑压实质量进行快速评定。

三、单项选择题

1. 环刀法检测压实系数对(　　)不适用。

A. 粉土　　B. 砂土　　C. 黏性土　　D. 粉质黏土

2. 环刀法检测压实系数，若环刀取在碾压层的上部，则得到的压实系数会(　　)。

A. 偏小　　B. 偏大　　C. 准确　　D. 不确定

3. 灌砂法现场测定土的密度所用的标准砂应选用粒径在(　　)mm之间的中粗砂，经过清洗洁净，烘干冷却后能自由流动且不胶结。

A. 0.1～0.2　　B. 0.15～0.25　　C. 0.25～0.5　　D. 0.3～0.5

4. 地基系数 K_{30} 试验是采用直径(　　)cm的荷载板进行单向单循环荷载实验。

A. 10　　B. 20　　C. 30　　D. 40

5. 采用直径30 cm的荷载板进行单向单循环荷载实验确定(　　)。

A. 压实系数 K　　B. 地基系数 K_{30}　　C. 变形模量 E_{v2}　　D. 动态变形模量 E_{vd}

6. 高速铁路路基施工检测中地基系数 K_{30} 计算时选用沉降量为(　　)。

A. 0.15 cm　　B. 0.125 cm　　C. 0.20 cm　　D. 0.255 cm

7. 土的密实程度是通过(　　)表示。

A. 密度　　B. 干密度　　C. 粒径　　D. 饱和密度

8. 路基压实系数反映了路基的压实效果，其大小与路基填料的(　　)有关。

A. 天然密度　　B. 最大干密度　　C. 填土高度　　D. 土样含水率

四、判断题

1. 灌砂法的缺点是需要携带较多的砂，称量次数较多，测试速度较慢。(　　)

2. 灌砂法所用的标准砂重复使用时不需要晾干。(　　)

3. 核子仪法测量方式有反射式和直接透射式。采用直接透射式时，被测材料不打孔，属无损测量。(　　)

4. 地基系数 K_{30} 试验适用于铁路路基本体填筑的各个阶段。(　　)

5. 路基压实系数是填土压实后的干密度与击实试验得出的最大干密度的比值。(　　)

6. 能使土体产生最大干密度的含水率称为最优含水率。(　　)

7. 灌砂法适用于细粒土、砂砾土、砾类土及填石路基的检测。(　　)

8. 能使土体产生最大干重度的含水率称为最优含水率。(　　)

五、简答题

1. 简述环刀法进行压实系数检测的适用条件和基本原理。

2. 简述灌砂法进行压实系数检测的适用条件和基本原理。

项目 4　路基支挡结构施工

典型工作任务 4.1　重力式挡土墙施工

一、名词解释

1. 支挡结构：

2. 重力式挡土墙：

二、填空题

1. 路基支挡按结构形式分为____________支挡结构和________支挡结构两类。
2. 路基支挡按刚度分为________支挡结构和________支挡结构两类。
3. 路基挡土墙在路基横断面上的位置分为________挡土墙、________挡土墙、________挡土墙、站台挡土墙和山坡挡土墙。
4. 混凝土重力式挡土墙设计时，墙顶宽大于______ m。
5. 重力式挡土墙无冲刷时基础埋置深度要求在天然地面以下至少______ m。
6. 重力式挡土墙墙背形式有俯斜式、__________、竖直式、凸形式、__________。

三、单项选择题

1. 在墙高一定，其他条件相同时，具有最小主动土压力的墙背形式是(　　)。

A. 仰斜直线形　　B. 俯斜直线形　　C. 垂直直线形　　D. 折线形

2. 不用于增加挡土墙抗倾覆稳定性的措施是(　　)。

A. 放缓胸背坡　　B. 改变墙体断面形式

C. 展宽墙趾　　D. 增大 f 值，如基底换填土

3. 衡重式挡土墙比较经济合理的上墙高度 H_1 与下墙高度 H_2 之比为(　　)。

A. 5∶5　　B. 6∶4　　C. 3∶7　　D. 4∶6

4. 在其他条件相同情况下，静止土压力 E_0、主动土压力 E_a 和被动土压力 E_p 三者大小关系是(　　)。

A. $E_0>E_a>E_p$　　B. $E_p>E_0>E_a$　　C. $E_0>E_p>E_a$　　D. $E_a>E_p>E_0$

5. 不用于增加抗滑稳定性的措施是(　　)。

A. 增大 f 值，如基底换填土　　B. 放缓胸坡

C. 基底设置凸榫　　D. 加倾斜基底

6. 基底压应力或偏心距过大时，不用于调整的措施是（　　）。
   A. 加宽墙趾或扩大基础　　B. 增加砂浆体强度
   C. 换填地基土　　D. 调整墙背坡度或断面形式
7. 下列关于挡土墙施工顺序说法正确的是（　　）。
   A. 先开挖、后下基、最后砌筑墙身、回填
   B. 先砌筑墙身、后开挖、最后下基、回填
   C. 先开挖、后砌筑墙身、最后下基、回填
   D. 随时开挖、随时下基、随时砌筑墙身、回填
8. 为解决圬工结构热胀冷缩而设置的缝隙叫（　　）。
   A. 伸缩缝　　B. 沉降缝　　C. 灰缝　　D. 隔离缝
9. 圬工砌体的沉降缝宽度一般为（　　）。
   A. 1～2 cm　　B. 2～3 cm　　C. 3～4 cm　　D. 4～5 cm
10. 片石混凝土灌筑填片石数量不应超过混凝土体积的（　　）。
   A. 10%　　B. 20%　　C. 30%　　D. 40%
11. 基础埋置深度对于冻胀及强冻胀土在冻结线以下应不少于（　　）m。
   A. 0.2 m　　B. 0.25 m　　C. 0.3 m　　D. 0.35 m
12. 主要依靠墙身自重维持稳定的挡土墙称（　　）。
   A. 重力式挡土墙　　B. 轻型挡土墙　　C. 锚杆挡土墙　　D. 加筋土挡土墙
13. 用于铁路路基的支挡建筑物主要是（　　）。
   A. 浆砌片石护坡　　B. 挡土墙　　C. 喷混凝土　　D. 浆砌片石护墙
14. 路基支挡结构的作用是保持路基和挖方段边坡的稳定，常用的路基支挡结构形式有（　　）。
   A. 浆砌片石护坡　　B. 混凝土挡土墙　　C. 锚喷支护结构　　D. 排水沟
15. 关于路基支挡工程主要功能的叙述，错误的是（　　）。
   A. 支撑天然边坡或人工边坡
   B. 保持土体稳定或加强路基强度和稳定性
   C. 防护边坡在水温变化条件免遭破坏
   D. 减轻水流对河岸或路基的冲刷
16. 铁路路基重力式挡土墙高度，土质路堑墙不宜大于（　　），石质路堑墙不宜大于（　　）。
   A. 4 m　6 m　　B. 6 m　8 m　　C. 8 m　10 m　　D. 10 m　12 m
17. 治理滑坡时修筑支挡工程，最根本的目的是（　　）。
   A. 提高岩土体黏聚力　　B. 减小变形
   C. 增加抗滑力　　D. 提高岩土体强度

四、判断题

1. 路堑挡土墙用于路堑边坡底部，降低边坡高度、减少开挖，防止路基病害。（　　）
2. 仰斜墙背的坡度愈缓施工愈困难。（　　）
3. 重力式挡土墙特殊力系就是偶然发生，概率很小的力，如设计水位水压力、浮力等。（　　）
4. 展宽墙趾是增加重力式挡土墙抗滑稳定性的技术措施之一。（　　）

5. 抗滑稳定性系数就是作用于挡土墙最大可能的实际滑动力与抗滑力之比。（ ）
6. 挡土墙墙身一般均设泄水孔，疏干墙后土体地下水。（ ）
7. 路基挡土墙土压力按被动土压力计算。（ ）
8. 改变挡土墙的胸坡和背坡可改善其抗滑稳定性。（ ）
9. 改变挡土墙墙身断面类型，可改善其抗倾覆稳定性。（ ）
10. 换填地基土，可增大挡土墙抗倾覆稳定性。（ ）
11. 设置倾斜基底、设置凸榫都可增大挡土墙抗滑稳定性。（ ）
12. 挡土墙的作用主要用来维持土体边坡的稳定，防止坡体的滑移和土边坡的坍塌。（ ）

五、简答题

1. 重力式挡土墙设置伸缩缝、沉降缝各有什么作用？其宽度有何规定？

2. 提高重力式挡土墙抗倾覆稳定性的措施有哪些？

3. 提高重力式挡土墙抗滑稳定性的措施有哪些？

典型工作任务 4.2　轻型支挡结构

一、单项选择题

1. 预应力锚索可用于土质、岩质地层的边坡及地基加固,其锚固段宜置于(　　)。

A. 地基基础内　　B. 稳定岩层内

C. 砌体内　　D. 锚固层内

2. 加筋土挡土墙的单级高度不宜大于(　　)。

A. 4 m　　B. 8 m　　C. 10 m　　D. 12 m

3. 主要依靠填料与拉筋之间的摩擦作用维持稳定的挡土墙称(　　)。

A. 重力式挡土墙　　B. 锚杆挡土墙

C. 混凝土挡土墙　　D. 加筋土挡土墙

4. 属于铁路路基支挡结构物的是(　　)。

A. 导流工程　　B. 护坡

C. 加筋土挡土墙　　D. 护墙

项目 5　路基排水及防护设施施工

典型工作任务 5.1　路基排水设施施工

一、名词解释

1. 排水沟：

2. 天沟：

3. 边坡渗沟：

二、填空题

1. 铁路路基排水根据排水设备的不同作用可分为____________和____________两大类。

2. 路堑天沟内边缘至堑顶距离不宜小于______ m。当沟内采取加固防渗时距离不应小于______ m。

3. 跌水和急流槽亦称________，设于高差很大而平距很短即坡度______的排水地段，多设于天沟出口、排水沟或侧沟通往桥涵建筑物处。

4. 跌水沟底为________形；急流槽槽身坡度一般大于______%。

5. 保证排水通畅，不产生淤积，地面排水设备的沟底纵坡不宜小于______。侧沟、天沟、排水沟的横断面，除需按流量计算外，可采用底宽______ m，深______ m；沟顶应高出设计水位不小于______ m。

6. 天沟不应向路堑的______沟排水。路堑侧沟的水流不得流经________________排出。

7. 对于平式排除地下水的建筑物，开挖一般以自______游向______游进行，以便于出渣、通风和排水。

三、单项选择题

1. 路基排水的目的是保证路基的(　　)。

A. 强度　　B. 稳定性　　C. 强度和稳定性　　D. 干燥

2. 为使路基稳固，排除影响路基的地表水和地下水，路基应设置(　　)。

A. 排水设施　　B. 路面加宽　　C. 挡土墙　　D. 加高路基

3. 路堑应于路肩两侧设置(　　)。

A. 天沟　　B. 截水沟　　C. 侧沟　　D. 挡水墙

4. 路基侧沟的深度和宽度均不应小于(　　)。

A. 0.3 m　　B. 0.4 m　　C. 0.6 m　　D. 0.8 m

5. 在路基地面排水设备中,排水沟用来排除(　　)的水流。

A. 地表　　B. 路堤坡面

C. 地表及路堤坡面　　D. 路堑坡面

6. 对于路基地面排水,除地面平坦和反向排水地段外其纵坡不应小于(　　)。

A. 5‰　　B. 4‰　　C. 2‰　　D. 3‰

7. 侧沟沟底纵坡困难地段不小于(　　)。

A. 1‰　　B. 2‰　　C. 3‰　　D. 4‰

8. 路基地面排水设备不包括(　　)。

A. 截水沟和天沟　　B. 排水沟和侧沟

C. 急流槽和跌水　　D. 明沟和排水槽

9. 边坡渗沟内填料可全部填充(　　)。

A. 粗砂　　B. 混凝土　　C. 干砌片石　　D. 黏土

10. 在路基地下排水设备中,(　　)拦截引排或降低埋藏不深的浅层地下水,并可兼排地表水。

A. 边坡渗沟　　B. 明沟及排水槽

C. 渗水涵洞　　D. 立式集水渗井与渗管

11. 在路基地下排水设备中,(　　)用于疏干坡面土或引排从边坡出露的地下水以稳定边坡。

A. 边坡渗沟　　B. 明沟及排水槽

C. 渗水涵洞　　D. 立式集水渗井与渗管

12. (　　)用以截排或引排埋藏较深的地下水,排除复杂地层中地下水,用于地层不稳定或场地受限制地段。

A. 排水槽　　B. 边坡渗沟

C. 截水渗沟　　D. 渗水隧洞

13. 不能用于排除深层地下水的排水设施是(　　)。

A. 边坡渗沟　　B. 渗水隧洞

C. 立式集水渗井　　D. 水平钻孔

14. 路基地下排水设备不包括(　　)。

A. 明沟　　B. 边坡渗沟

C. 吊沟　　D. 水平钻孔

15. 对铁路路基排水的要求中,不正确的是(　　)。

A. 路堑排水可在路肩两侧设置侧沟

B. 地面横坡明显的地段,可在上方一侧设置排水沟

C. 对有集中水流进入天沟的地段,应采取防冲刷措施

D. 当采用渗水隧洞排除地下水时,应每隔 30 m 设置检查井

16. 路基排水系统中设置截水沟属于(　　)子系统。

A. 路基地面排水　　B. 路基地下排水

C. 路面内部排水　　D. 路肩排水

17. 用于路基地下水排水的设施是(　　)。

A. 吊沟　　B. 侧沟　　C. 渗沟　　D. 天沟

四、判断题

1. 纵向排水沟、侧沟和截水沟是为了排除地下水而设置的。(　　)
2. 路堑侧沟的水流可流经隧道排出,有利于提高路基和隧道的整体排水能力。(　　)
3. 地面排水设施的纵坡不应小于2%,保证排水通畅,不产生淤积。(　　)
4. 明沟和排水槽的沟底均应埋在不透水层内。(　　)
5. 在路基地下排水设备中,引水渗沟用于引排山上或洼地内埋藏不深的地下水或泉水,以疏干土体或降低地下水位。(　　)
6. 侧沟、天沟、排水沟的横断面应有足够的过水能力。(　　)
7. 渗沟和渗管为地下排水设备。(　　)
8. 排水沟、明沟、截水沟、侧沟、渗沟均为地面排水设施。(　　)

五、识图题

地面排水设备:根据示意图,写出图中数字所代表的结构名称。

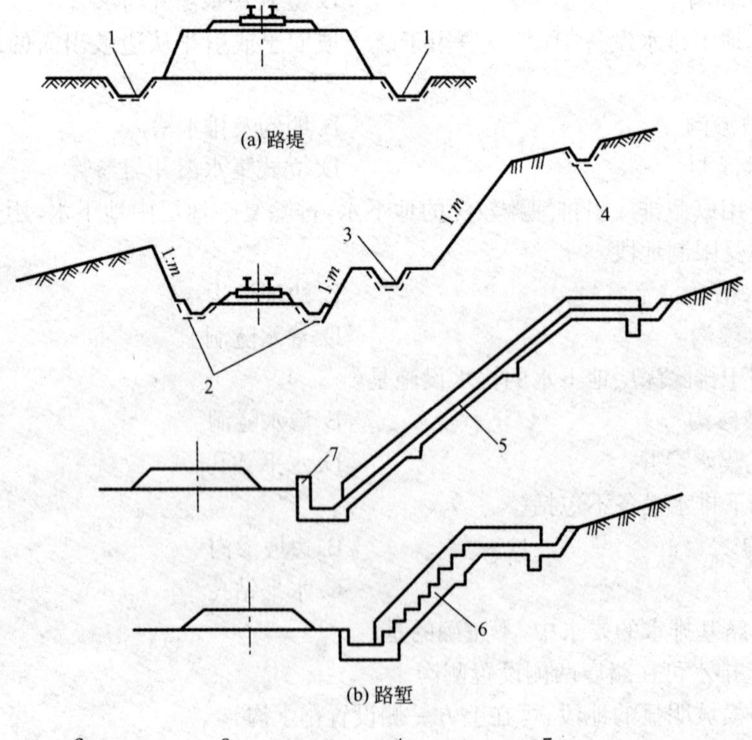

1:＿＿＿＿＿＿;2:＿＿＿＿＿;3:＿＿＿＿＿;4:＿＿＿＿＿;5:＿＿＿＿＿＿;

6:＿＿＿＿＿;7:＿＿＿＿＿＿。

六、简答题

1. 常见的地下排水设施有哪些类型？

2. 常见的地上排水设施有哪些类型？

典型工作任务 5.2 路基边坡面防护施工

一、单项选择题

1. 种草或液压喷播植草适用于(　　)。

A. 土质边坡,坡率缓于 1∶1.25

B. 土质和强风化、全风化的岩石边坡,坡率不陡于 1∶1

C. 土质、软质岩和全风化的硬质岩石边坡,坡率不陡于 1∶1.5

D. 漂石土、块石土、卵石土、碎石土、粗粒土和强风化、弱风化的岩石路堑边坡,坡率不陡于 1∶0.75

2. 种植灌木适用于(　　)。

A. 土质和强风化、全风化的岩石边坡,坡率不陡于 1∶1

B. 土质、软质岩和全风化的硬质岩石边坡,坡率不陡于 1∶1.5

C. 土质边坡,坡率缓于 1∶1.25

D. 漂石土、块石土、卵石土、碎石土、粗粒土和强风化的软质岩及强风化、全风化的硬质岩石路堑边坡,或由其弃砟填筑的路堤边坡,坡率不陡于 1∶1

二、多项选择题

1. 下列关于边坡病害产生的原因说法正确的是(　　)。

A. 地下水浸湿软化路基边坡土体,使其降抗剪强度低,引起表土滑动、坍塌等边坡变形

B. 岩性差的岩体,在湿度、温度变化条件下,会加剧其风化过程,路基表面在温差作用下形成胀缩循环,在湿差作用下形成干湿循环,也可导致强度的衰减和剥蚀

C. 在近旁河流的冲击、淘刷和侵蚀作用下,路基也会被冲刷损坏

D. 边坡进行了植草和种树导致边坡失稳

E. 边坡设置浆砌石导致边坡重力增加而破坏

2. 边坡病害常见的类型有(　　)。

A. 边坡溜坍　　B. 边坡坍塌　　C. 风化剥落

D. 边坡冲刷　　E. 土质边坡

3. 边坡防护的作用有(　　)。

A. 保护路基边坡表面免受雨水冲刷

B. 减小温度及湿度变化的影响

C. 防止或延缓软弱岩土表面的风化、剥落等演变过程

D. 保护路基边坡的整体稳定性

E. 加速边坡的稳定性进程

4. 常见的植物防护形式有(　　)。

A. 种草或液压喷播植草　　B. 铺草皮　　C. 植树

D. 喷混植生　　E. 客土植生

5. 常见工程防护措施有(　　)。

A. 喷护和挂网喷护　B. 干砌片石护坡　C. 浆砌片石护坡

D. 浆砌片石护墙　E. 浆砌片石或混凝土骨架护坡

6. 下列液压喷播植草效果说法正确的是(　　)。

A. 具有良好的固种保苗效果——纤维、防土壤侵蚀剂形成的半渗透覆盖层和表土粘合后,外铺无纺布的防护作用

B. 具有良好的适生初始条件——覆盖层减少水分蒸发,给种子发芽提供了水分、养分和遮阴条件,促使其生根发芽、生长发育

C. 利用植物生长特性养护——"土生土长""劣境锻炼则生命力强",向光、向水、向土、向肥四个"向性"和植物生长的连续性和长期性

D. 具有施工简单,适用性广的特点

E. 具有施工质量高,防护效果好,工程造价低的特点

7. 坡面防护一般种灌木(土质路堤上宜植生长快、枝多叶茂而根系发达的树种)。多采用(　　)、山楂等灌木。在风沙干旱地区宜采用花棒、拧条、黄柳、沙棘、杨紫、柽柳。

A. 紫穗槐　B. 夹竹桃　C. 黄荆　D. 二色胡枝子

E. 野蔷薇

8. 喷混植生适用于岩质边坡坡面植草的绿色防护技术,它将种子、(　　)和水等材料按一定比例搅拌均匀后,利用强力压缩机喷射于岩石边坡坡面作为植生基材层,再铺设无纺布覆盖,然后依靠基材层使植物生长发育,形成坡面植物防护的措施。

A. 肥料　B. 黏结剂　C. 土壤改良剂　D. 种植土

E. 保水剂

9. 下列关于喷混植生使用条件说法正确的是(　　)。

A. 适用于漂石土、块石土、卵石土、碎石土、粗粒土和强风化、弱风化的岩石路堑边坡

B. 坡率不陡于1∶0.75

C. 坡率不陡于1∶1

D. 边坡高度不宜大于10 m

E. 边坡高度不宜大于8 m

10. 下列关于喷护说法正确的是(　　)。

A. 喷掺砂水泥土,厚度为5 cm,材料为砂、水泥、黏性土

B. 喷掺砂水泥土适用于易受冲刷的土质堑坡,坡率不陡于1∶0.5

C. 喷浆,厚度≥5 cm,材料为砂、水泥、石灰

D. 喷浆适用于易受冲刷的土质堑坡,坡率不陡于1∶0.5

E. 喷混凝土,厚度≥8 cm,材料为砂、水泥、砾石

三、简答题

1. 何谓植物防护?

2. 简述液压喷播技术的原理。

3. 简述挂网喷护的结构形式、适用条件和注意事项。

4. 简述浆砌片石或混凝土骨架护坡的结构形式、适用条件和注意事项。

典型工作任务5.3　路基冲刷防护施工

一、单项选择题

1. 铁路路基的冲刷防护不包括(　　)。

A. 植物防护　　B. 石笼防护　　C. 抛石防护　　D. 孔窗式护墙

2. 属于路基间接防护的是(　　)。

A. 抛石　　B. 石笼　　C. 丁坝　　D. 植物防护

3. 浆砌片石护坡适用于最大流速不超过(　　)的山区或山前区。

A. 4～8 m/s　　B. 3～4 m/s　　C. 2～3 m/s　　D. 1～4 m/s

4. 坝根与河岸相连接，坝头伸向河槽，与水流成一角度，将水流挑离河岸或路基，改善流态，该坝为(　　)。

A. 丁坝　　B. 顺坝　　C. 导流坝　　D. 格坝

二、多项选择题

1. 坡面直接防护适用于(　　)。

A. 水流速度较缓地段　　B. 流向与堤岸接近平行地段

C. 在宽阔的河滩地段　　D. 河流凹岸地段

E. 水流破坏作用较强地段

2. 下列关于浆砌片石护坡适用条件说法正确的是(　　)。

A. 容许流速 1.2～1.8 m/s　　B. 容许流速 4～8 m/s

C. 不受主流冲刷的路堤边坡　　D. 主流冲刷的路堤边坡

E. 波浪作用强烈处的路堤边坡

3. 下列关于植物防护适用条件说法正确的是(　　)。

A. 容许流速 1.2～1.8 m/s

B. 容许流速 2～3 m/s

C. 水流方向与线路近乎平行

D. 不受各种洪水主流冲刷的浅滩地段路堤边坡防护

E. 已浸水的路堤边坡与河岸

4. 下列关于间接防护导流结构物说法正确的是(　　)。

A. 挑水坝将水流挑离河岸或路基，改善流态

B. 丁坝的坝根与河岸相连接，坝身与导流线基本重合

C. 导流坝主要起导流、束水、调整流水曲线，改善流态的作用

D. 格坝在平面上成网格状，设与顺坝与堤岸之间

E. 顺坝通过防止高水位时水流溢入冲刷坝内岸坡或坡脚，促进格间的淤积

项目 6　高速铁路路基施工

典型工作任务 6.1　高速铁路路基构造认知

一、填空题

1. 高速铁路无砟轨道路基基床表层厚度为______m，基床底层厚度为______m。（保留1位小数点）

2. 高速铁路有砟轨道路基基床表层厚度为______m，基床底层厚度为______m。（保留1位小数点）

3. 高速铁路无砟轨道路基工后沉降不宜超过______mm；路基与桥梁、隧道或横向结构物交界处的工后沉降差不应大于______mm。（数据填整数）

二、单项选择题

1. 高速铁路无砟轨道基床表层和基床底层总厚度为（　　）。

A. 2.5 m　　B. 2.3 m　　C. 2.7 m　　D. 3.0 m

2. 我国高速铁路路基设计的关键是（　　）。

A. 费用控制　　B. 变形控制　　C. 强度控制　　D. 时间控制

3. 我国高速铁路路堤边坡高度一般控制在 8 m 以下，边坡坡率采用（　　）。

A. 1∶1.5　　B. 1∶1.3　　C. 1∶1　　D. 1∶2

4. 高速铁路无砟轨道单线路基上设置的接触网立柱，其内侧距线路中心线不宜少于（　　），同时不得阻碍路基排水。

A. 2.5 m　　B. 3.0 m　　C. 3.5 m　　D. 4.0 m

5. 工后沉降是高速铁路基础工程质量控制的重要指标，其含义是指（　　）。

A. 桥、隧、路、涵洞等基础部分完工后的沉降量

B. 桥、隧、路、涵洞等工程连接处的沉降差异量

C. 桥、隧、路、涵洞等主体工程全部完工后的沉降量

D. 在轨道工程完成后，桥、隧、路、涵洞等基础设施产生的沉降量

6. 高速铁路无砟轨道路基工后沉降应当满足（　　）的要求。

A. 线路平顺性　　B. 结构稳定性

C. 扣件调整能力　　D. 养护维修工作量

7. 高速铁路无砟轨道路基工后沉降不宜超过（　　）mm。

A. 5　　B. 10　　C. 15　　D. 20

8. 300～350 km/h 高速铁路路基基床表层应采用（　　）。

A. 级配卵石　　B. 级配砂砾石　　C. 级配碎石　　D. 级配土

三、判断题

1. 高速铁路无砟轨道和有砟轨道路基面形状都为三角形，由中心向两侧设不小于 4%的横向排水坡。　（　　）

2. 高速铁路在无砟轨道正线曲线地段，路基面宽度在外侧应加宽。　（　　）

3. 高速铁路路基面在无砟轨道正线曲线地段一般不加宽。　（　　）

4. 高速铁路路基的设计理念由原来的以强度控制逐步转变为以变形控制，即严格控制路基变形。　（　　）

典型工作任务 6.2　高速铁路路基填筑施工

一、名词解释

1. 路基工后沉降：

2. 动态变形模量 E_{vd}：

二、填空题

1. 高速铁路路基基床以下路堤及基床底层填筑应按______阶段、______区段、______流程进行施工。

2. 高速铁路路基基床表层填筑应按______阶段、______区段、______流程进行施工。

三、单项选择题

1. 高速铁路无砟轨道基床表层和基床底层厚度分别为（　　）。

A. 0.6 m 和 1.9 m　　B. 0.4 m 和 1.9 m

C. 0.4 m 和 2.3 m　　D. 0.7 m 和 2.3 m

2. 我国高速铁路路堤边坡高度一般控制在 8 m 以下，边坡坡率采用（　　）。

A. 1∶1.5　　B. 1∶1.3　　C. 1∶1　　D. 1∶2

3. 高速铁路路基基床表层填筑按（　　）的工艺组织施工。

A. 三阶段、三区段、八流程　　B. 三阶段、四区段、八流程

C. 三阶段、四区段、六流程　　D. 三阶段、四区段、十流程

4. 高速铁路路基填筑施工的四区段是指（　　）。

A. 填土区段、整平区段、压实区段和检测区段

B. 准备区段、整平区段、压实区段和验收区段

C. 填土区段、整修区段、压实区段和检测区段

D. 准备区段、整修区段、压实区段和验收区段

5. 六流程是指(   )、碾压、检验和路基修整整修养护。

A. 填料拌和运输、整平、填筑

B. 填料拌和运输、填筑、地基处理

C. 填料拌和运输、填筑、整平

D. 填料拌和运输、地基处理、整平

6. 基床表层级配碎石应分层填筑,每层最小填筑压实厚度不得小于(   )。

A. 5 cm B. 10 cm C. 15 cm D. 20 cm

7. 高速铁路路基填料中,以下为不宜使用的差质填料的是(   )。

A. A 组填料 B. B 组填料 C. C 组填料 D. D 组填料

8. 高速铁路路基工程基床表层级配碎石压实标准指标为(   )。

A. K_{30}、K、E_{vd} B. K_{30}、E_{vd}、n C. K_{30}、E_{vd}、n、K D. K_{30}、K、E_{v2}

9. 高速铁路路基骨架护坡一般应采用带截水槽的结构,骨架埋置深度应大于(   ),间距不宜大于(   )。

A. 0.6 m 3 m B. 1 m 3 m C. 1.6 m 3 m D. 0.6 m 6 m

10. 高速铁路无砟轨道单线路基上设置的接触网立柱,其内侧距线路中心线不宜少于(   ),同时不得阻碍路基排水。

A. 2.5 m B. 3.0 m C. 3.5 m D. 4.0 m

11. 高速铁路路堤与桥台过渡段基床表层应满足《铁路路基设计规范》的要求,并掺入(   )水泥。

A. 5% B. 10% C. 15% D. 20%

12. 在目前路基本体填筑标准的条件下,控制高速铁路路基工后沉降的关键是(   )。

A. 控制地基沉降 B. 控制路基本体沉降

C. 地基本体沉降 D. 路基面沉降

13. 高速铁路无砟轨道路基与桥梁、隧道或横向结构物交界处的工后沉降差不应大于(   )mm,不均匀沉降造成的折角不应大于 1/1 000。

A. 5 B. 10 C. 15 D. 20

14. (   )不属于高速铁路路基工程施工质量验收单元。

A. 单位工程 B. 分部工程 C. 分段工程 D. 检验批

四、判断题

1. 高速铁路路基基床表层材料可选用 A、B 组填料和 C 组块石、碎石、砾石类填料。 (   )

2. 高速铁路路基基床以下填料最大粒径不大于 300 mm 控制。 (   )

3. 高速铁路路基基床表层施工应按“三阶段、四区段、八流程”的施工工艺组织施工。 (   )

4. 高速铁路路基、路堤与桥台连接处应设置一定长度的过渡段。 (   )

5. 高速铁路无砟轨道和有砟轨道路基面形状都为三角形,由中心向两侧设不小于 4% 的横向排水坡。 (   )

五、简答题

1. 高速铁路有砟轨道、无砟轨道的路基面形状各如何？

2. 简述高速铁路基床表层级配碎石填筑中“六流程”。

典型工作任务 6.3　高速铁路路基工后沉降监测

一、选择题

1. 铁路路基沉降观测断面的间距,根据设计要求确定,一般不应大于(　　)m。
   A. 50　　B. 75　　C. 100　　D. 125
2. 一般情况下,铁路路基变形观测应以路基面沉降观测和(　　)观测为主。
   A. 水平位移　　B. 地基沉降　　C. 边坡面沉降　　D. 周边参照物沉降
3. (多选)铁路路基的沉降变形主要包括(　　　　)几方面。
   A. 路基本体填土的压缩变形　　B. 行车引起的基床累计下沉
   C. 地基产生的压缩下沉　　D. 列车行驶中路基面产生的弹性变形
4. 铁路路基工后沉降主要由(　　)引起。
   A. 路基本体填土的压缩变形　　B. 行车引起的基床累计下沉
   C. 地基产生的压缩下沉　　D. 列车行驶中路基面产生的弹性变形
5. 在铺设轨道以后,铁路路基沉降观测的频次应满足(　　)。
   A. 第 1 个月 1 次/周;第 2、3 个月 1 次/2 周;3 个月以后 1 次/月
   B. 第 1 个月 1 次/2 周;第 2、3 个月 1 次/月;3 个月以后 1 次/月
   C. 第 1 个月 1 次/2 周;第 2、3 个月 1 次/月;3 个月以后 1 次/2 月
   D. 第 1 个月 1 次/2 周;第 2、3 个月 1 次/月;3 个月以后 1 次/3 月
6. 时速 250 km 有砟轨道路基工后沉降,一般地段路基工后沉降不大于(　　)cm。
   A. 3　　B. 5　　C. 10　　D. 15
7. 时速 350 km 有砟轨道路基工后沉降,一般地段路基工后沉降不大于(　　)cm。
   A. 3　　B. 5　　C. 10　　D. 15
8. 高速铁路无砟轨道过渡段不均匀沉降造成的路基与桥梁或隧道的折角不应大于(　　)。
   A. 1/100　　B. 1/1 000　　C. 1/2 000　　D. 1/5 000
9. 铁路路基工程施工过程中的动态观测包括地基沉降和(　　)。
   A. 侧向位移　　B. 沉降速率　　C. 边坡稳定　　D. 工后沉降
10. 一般铁路路基填方地段,每断面路基面沉降观测桩设(　　)个位于基床表层顶面,沉降板设(　　)处位于双线路基中心。
    A. 4　1　　B. 3　1　　C. 2　1　　D. 1　1
11. 高速铁路路基填筑过程中应及时进行沉降观测,一般情况下每天观测(　　)次。
    A. 1　　B. 2　　C. 3　　D. 4

二、判断题

1. 沉降板、沉降观测桩观测常用的观测方法是水准测量法。（　　）
2. 铁路路基工后沉降就是路基施工开始以后路基产生的所有沉降量。（　　）
3. 铁路路基沉降观测一般不少于 6 个月。（　　）

4. 铁路路基基底观测点设在路基断面中间的基底上，一般采用沉降板，部分地方采用单点沉降计。 ( )

5. 高速铁路有砟轨道路基工后沉降控制标准比无砟轨道路基工后沉降标准要求更高更严格。 ( )

6. 沉降板由钢底板、金属测杆（ϕ40 mm 厚壁镀锌铁管）及保护套管（直径不小于 ϕ75 mm、壁厚不小于 4 mm 的硬 PVC 管）组成，钢底板尺寸为 50 cm×50 cm，厚 1 cm。 ( )

7. 铁路路基基底沉降观测中沉降板、路基面沉降观测桩采用高精度水准仪进行观测，要求测量精度为 1 mm，读数取位至 0.1 mm。 ( )

项目7　路基养护与维修

典型工作任务7.1　路基病害认知

一、名词解释

1. 边坡溜坍：

2. 山体滑坡：

二、填空题

1. 铁路路基设备修理分为路基________和路基________两种作业。

2. 依据《高速铁路路基修理规则》可知，高速铁路路基修理应贯彻“____________、重在检查、养修并重、____________”的原则，做到对高速铁路路基病害治早、治小。

3. 形成崩塌的基本条件是________条件、________条件和构造条件，三者又统称地质条件。

4. ________设备不足、损坏、堵塞等，引起路基其他病害或危及路基稳定的现象就是排水不良。

5. 风化剥落就是整个边坡基本稳定，坡面受到________作用，碎屑向下滚落的现象。

三、单项选择题

1. 土质边坡受地表水下渗或地下水影响，使表层饱和、失去稳定，造成表土或覆盖层下滑或错落的现象称为(　　)。

A. 崩塌　　B. 边坡溜坍　　C. 滑坡　　D. 风化剥落

2. 以下滑坡产生的原因中不正确的描述是(　　)。

A. 岩土类型，松散覆盖层、软硬相间的岩层斜坡

B. 地质构造条件，构造面切割分离成不连续状态

C. 水文地质条件，无地下水活动和无雨水下渗

D. 地形地貌条件，坡度10°～45°，下陡中缓上陡

3. 不属于路基边坡病害的是(　　)。

A. 边坡溜坍　　B. 风化剥落　　C. 滑坡　　D. 基床下沉外挤

4. 不属于路基病害的是(　　)。

A. 滑坡　　B. 错台　　C. 陷穴　　D. 崩塌

四、判断题

1. 基床翻浆冒泥就是基床土体或风化岩被水侵蚀软化，在列车动力作用下液化成泥浆挤压冒出。 ( )

2. 岩溶塌陷、黄土塌陷、矿区采空、古墓、古窖、窑洞、蚁穴以及由大气降水、过量抽取地下水诱发的路基突然塌陷、沉落都属于陷穴现象。 ( )

3. 在河滩或岸边的铁路路基，水流的冲刷作用不影响路基稳定。 ( )

4. 落石是指个别岩块从悬崖陡坡上突然坠落，对路基危害很小。 ( )

5. 铁路路基冻害产生的主要内因是列车的荷载作用。 ( )

6. 路基冻害主要是不均匀冻胀引起的。 ( )

7. 路肩高程设置不合理，在地表水和地下水作用下就可能产生路基冻胀或路基翻浆冒泥等病害。 ( )

8. 在路基内埋设电缆时，必须遵守《铁路路基大维修规则》的规定，并保证路基及其排水、防护和加固设备的稳固和完好状态。 ( )

五、简答题

1. 铁路路基病害可分为哪些类型？

2. 如何确定铁路路基基床病害处理的合理范围？

典型工作任务 7.2　路基基床病害整治

一、名词解释

1. 基床翻浆冒泥：

2. 基床外挤：

二、填空题

1. 路基基床在各种因素影响下，产生各种类型的____________，称为路基基床病害。

2. 根据基床病害的发生机理和性质，按其典型的表现特征，结合病害发生的部位，可将路基基床病害分为________________、________________两大基本类型。

3. 基床翻浆冒泥一般分为________________翻浆冒泥、____________________翻浆冒泥和___________翻浆冒泥三种。

三、单项选择题

1. 高速铁路无砟轨道基床表层一般采用的材料为(　　)。

A. 普通填料　　B. 碎石土　　C. 中粗砂　　D. 级配碎石

2. 各类基床中，容易发生翻浆冒泥的是(　　)。

A. 深路堑基床　　B. 无路拱的全风化砂岩路堑基床

C. 黏性土填土基床　　D. 高路堤基床

3. 铁路路基基床翻浆冒泥产生的主要内因是(　　)。

A. 水　　B. 基床土　　C. 荷载　　D. 养护

4. 高速铁路无砟轨道路基翻浆冒泥整治措施中不正确的是(　　)。

A. 刷坡减重　　B. 疏排地表水

C. 注胶填充空隙　　D. 封堵地表水

5. 铁路路基基床病害整治方法首选是消除影响的对象是(　　)。

A. 无砟轨道　　B. 基床表层　　C. 列车荷载　　D. 水

6. 铁路路基基床发生翻浆冒泥、下沉外挤等病害时，应首先考虑(　　)。

A. 采取引排地表水和地下水工程措施

B. 采用砂垫层

C. 采用换填或改良基床土

D. 铺设土工合成材料

7. 基床换填应(　　)防护。

A. 办理封锁施工手续,设置移动停车信号

B. 办理慢行手续,设置移动减速信号

C. 办理临时封锁施工手续,设置停车手信号

D. 设置作业标

四、判断题

1. 风化石质基面翻浆冒泥主要发生在基床填料为软质泥岩的基床,如黏土岩、泥质页岩、板岩、泥灰岩等。(　　)

2. 基床翻浆冒泥导致道砟下沉,从而造成轨道状态不良,轨道的几何状态变化频繁。(　　)

3. 一般黏性土基床受水的影响小,强度随含水率的增加而小幅度下降。(　　)

4. 土工格室可折叠,展开后呈蜂窝状的三维结构。(　　)

5. 基床表层换填厚度一般 100 cm 以上。(　　)

6. 基床病害产生的主要内因是列车的荷载作用。(　　)

7. 基床病害的预防和整治,应贯彻"预防为主,综合治理"的原则。(　　)

8. 铁路路基基床翻浆冒泥病害整治原则首选是改善基床上部荷载的影响。(　　)

9. 易产生基床病害的路堑侧沟必须采取防冲刷或防渗漏的加固措施。(　　)

五、简答题

1. 铁路路基基床病害常用的整治措施有哪些?

2. 铁路路基基床病害有哪些类型?

典型工作任务 7.3 路基边坡病害防治

一、名词解释

1. 风化剥落：

2. 泥石流：

二、填空题

1. 骨架护坡可采用带排水槽的拱形骨架，也可采用________形骨架、________形骨架。

2. 路基边坡病害按发生原因及边坡位置可分为________________、________________、________________三大类型。

三、单项选择题

1. 滑坡的防治措施描述中不正确的是(　　)。
   A. 消除或减轻水的危害　　B. 设置抗滑桩
   C. 改善滑动带土石性质　　D. 反压护道

2. 泥石流形成条件中不包括(　　)。
   A. 陡峻的地形地貌　　B. 坡面凹凸不平
   C. 丰富的松散固体物质　　D. 大量的降雨、水源供给

3. 锚杆框架梁护坡中，锚杆采用非预应力的全长黏结型锚杆，框架应采用钢筋混凝土，混凝土强度不应低于(　　)。
   A. C15　　B. C30　　C. C40　　D. C50

4. 崩塌边坡病害防治措施中不正确的是(　　)。
   A. 线路外移　　B. 清理危岩　　C. 刷坡减重　　D. 边坡换填

5. 泥石流的整治可以根据具体情况采用(　　)、谷坊坝拦截或加大流速排泄等措施。
   A. 水土保持　　B. 清淤　　C. 防护坝　　D. 增大下游排水断面

6. 不属于路堤边坡病害的常见防治措施的是(　　)。
   A. 做好排水工作　　B. 填筑应适当增加宽度并压实
   C. 圬工砌筑时勾缝应密实　　D. 严格控制分层厚度

7. 铁路路基石质边坡常见的病害是(　　)。
   A. 崩塌　　B. 雨后冲刷严重　　C. 泥石流　　D. 滑坡

8. 不属于路基边坡病害的是(　　)。
   A. 边坡溜坍　　B. 陷穴　　C. 滑坡　　D. 崩塌落石

四、判断题

1. 抗滑挡土墙是整治滑坡有效措施之一，可单独使用也可与支撑渗沟结合使用。（ ）

2. 滑坡是沿着山坡内部某一面或软弱带作缓慢的滑移，可见对路基危害都较小。（ ）

3. 崩塌落石具有突然、快速和较难预测的特点，是地形、地质比较复杂的山区铁路十分常见的路基病害。（ ）

4. 防止水流渗入岩土体而加剧斜坡失稳，排除地下水，可修建纵、横盲沟等。（ ）

5. 铁路路基边坡上的危岩要及时清理，采取危岩支顶办法不可取。（ ）

6. 铁路路基边坡破坏最主要的原因是水的影响。（ ）

7. 边坡开挖后如果不及时防护，坡面将发生风化，岩土体风化成散粒状后，将顺坡滑落下来。（ ）

五、简答题

1. 铁路路基常见的坡面病害有哪些？

2. 崩塌落石在铁路路基维修养护方面可采取哪些防治措施？

典型工作任务 7.4　路基防洪与抢修

一、选择题

1. (多选)铁路路基防洪工作实行“(　　　　)”的方针。

A. 预防为主　　B. 安全第一　　C. 全力抢修　　D. 当年复旧

2. 铁路防洪工作以“(　　　　)”为指导思想。

A. 全员防洪　　B. 科学防洪

C. 团结协作　　D. 局部利益服从全局利益

3.《防洪法》所指的(　　),是指在防洪标准内受防洪工程设施保护的地区。

A. 滞洪区　　B. 洪泛区　　C. 蓄洪区　　D. 防洪保护区

二、判断题

1. 铁路任何单位和个人都有参加防洪的义务。(　　)

2. 防洪工作以“全员防洪”为指导思想,实行“预防为主、安全第一、全力抢修、当年复旧”的方针。(　　)

典型工作任务 7.5　路基维修作业与管理

一、填空题

1. 小型病害是指技术不太复杂、整治工程量较小,圬工数量在______ m^3 以下、土石方数量在______ m^3 以下的路基病害。

2. 为及时全面掌握路基设备状态和病害情况,铁路路基维修检查制度一般包括________检查、________检查、汛期检查和特殊检查,各种检查均应做好完整的检查记录。

3. 铁路路基维修工作包括路基设备的__________、小型病害整治、__________和巡守工作。

4. 铁路路基巡守分为常年巡守、________巡守和__________巡守。

二、单项选择题

1. 违背安全施工规则的是(　　)。

A. 从事高处作业的人员不必进行身体检查,但不能有心脏病

B. 施工场内和上下班的通行场所,应设人行道

C. 凡轮班施工,严格执行交接班制度

D. 要做好一切施工准备工作

2. 路基设备修理的基本任务描述不正确的是(　　)。

A. 经常保持路基本体及其排水、防护、加固等设备的完好状态,延长设备使用寿命

B. 整修路基安全设备,修理路基范围内的河岸防护、河流调节等建筑物

C. 及时整治路基病害,预防病害的发生和发展

D. 有计划地改善路基设备状态,不断提高路基整体强度

3. 依据《铁路路基大维修规则》，路基维修工作应贯彻预防为主、检修并重、综合整治、(　　)的原则。

A. 重在大修　　B. 重在维修　　C. 排水第一　　D. 安全第一

4. 路基维修工作不包括(　　)。

A. 增设路基设备　　B. 小型病害整治　　C. 经常保养　　D. 巡守工作

5. 路基维修验收应执行(　　)验收。

A. 二级　　B. 三级　　C. 四级　　D. 五级

6. 加强对路基的排水设施日常养护与维修是确保路基(　　)的关键环节。

A. 安全　　B. 变形　　C. 破坏　　D. 稳定

7. 某工区路基维修质量验收评分为 85 分，则评定为(　　)。

A. 优良　　B. 合格　　C. 不合格　　D. 失格

三、判断题

1. 路基维修工作范围就是各种小型、大中型路基病害的整治。　(　　)
2. 平原地区工务段可不设路基车间。　(　　)
3. 对规模较大的路基病害，工务段应建立观测制度，设置观测网进行观测，做好观测记录。　(　　)
4. B 级病害是指进一步发展可能危及行车安全的病害。　(　　)
5. 工务段应每年对所有路基病害进行一次等级评定，按其严重程度分为 A、B、C、D 四级。　(　　)
6. 路基维修工作包括路基设备的综合维修、所有病害整治和经常保养工作。　(　　)

四、简答题

1. 铁路路基维修工作范围包括哪些内容？

2. 铁路路基大修工程开工前，应进行哪些技术交底？

典型工作任务 7.6 路基大修作业与管理

一、填空题

1. 铁路路基大修的施工设计文件由________________、____________和预算三部分组成。
2. 铁路路基大修工程质量验收,按综合评分评定结果分为:________、________、________。

二、单项选择题

1. 恢复及改善路基设备技术状态的路基大修工作范围,不包括(　　)。
   A. 加宽路基　　B. 既有线改建及增建第二线
   C. 改善边坡　　D. 增设、接长、翻修路基设备
2. 路基大修工程质量验收,全部单项工程项目得分均达到 85 分及以上,综合评定结果为(　　)。
   A. 不合格　　B. 合格　　C. 良好　　D. 优良
3. 路基大修中浆砌片石护坡、护墙的砌筑中要求采用(　　)。
   A. 灌浆法砌筑　　B. 注浆法砌筑　　C. 无浆法砌筑　　D. 挤浆法砌筑
4. 路基大修工程质量验收评分标准中,栽种植物的成活率达(　　)以上不扣分。
   A. 75%　　B. 80%　　C. 85%　　D. 90%
5. 路基大修工程质量验收评分标准中,栽种植物的成活率不足(　　)评为不合格。
   A. 65%　　B. 60%　　C. 55%　　D. 50%
6. (　　)负责审查确定路基大修计划。
   A. 铁路局集团有限公司　　B. 工务段
   C. 路桥技术科　　D. 车间
7. 属于路基大修工程的是(　　)。
   A. 路肩修理　　B. 整修侧沟　　C. 清除危岩　　D. 整段提高技术等级
8. 线路大中修,路基、桥隧大修及大型养路机械施工作业,接触网大修作业属于(　　)项目。
   A. 施工天窗作业　　B. 维修天窗作业　　C. 临时天窗　　D. 故障天窗

三、判断题

1. 路基大修单项作业材料、砌体(构件)结构尺寸不符合设计要求,影响强度和使用功能,评为不合格。(　　)

2. 对于常见的路基病害整治工程,大修设计可按一阶段设计即直接进行施工设计。(　　)

3. 铁路路基大修工作内容之一是治理路基各种大中小型的路基病害。(　　)

4. 铁路路基大修件名应以一处主要路基病害及其长度立项,该病害长度范围内的其他路基病害宜一并安排在件名内。(　　)

5. 任何单位和个人不得擅自变更路基大修设计。(　　)

6. 铁路路基大修工程质量验收,先按单项工程项目分项进行评分再进行综合评定,综合评定结果分为合格和不合格两种。(　　)

7.隐蔽工程在隐蔽前,应事先通知监理单位到现场验收,并在隐蔽工程验收证上签认。
( )

8.治理路基维修工作范围以外的各种路基病害整治均为路基大修工作范围。 ( )

9.路基大修工程质量验收按优良和合格两级评定。 ( )

10.路基大修工作应根据路基及其附属设备的技术状态和病害情况,有计划地进行病害整治,为铁路行车提供安全稳定的基础。 ( )

四、简答题

1.铁路路基大修工作范围包括哪些内容?

2.铁路路基大修开工前应进行哪些技术交底?

参考文献

[1]解宝柱，曾润忠. 铁路路基施工与维护[M]. 3 版. 北京：中国铁道出版社有限公司，2019.
[2]杨广庆. 高速铁路路基设计与施工[M]. 北京：中国铁道出版社，2008
[3]方筠. 铁路线路施工技术[M]. 北京：人民交通出版社，2008.
[4]官全美. 铁路路基工程[M]. 北京：中国铁道出版社，2007.
[5]吴邦颖. 路基工程[M]. 成都：西南交通大学出版社，1989.
[6]杨广庆. 路基工程[M]. 3 版. 北京：中国铁道出版社有限公司，2020.
[7]王炳龙. 高速铁路路基工程[M]. 北京：中国铁道出版社，2007.

责任编辑：陈美玲
封面摄影：王明柱
封面设计：崔丽芳

TIELU LUJI SHIGONG YU WEIHU XITIJI

TIELU LUJI
SHIGONG YU WEIHU XITIJI

中国铁道出版社
官方微信

中国铁道出版社
天猫旗舰店

ISBN 978-7-113-27068-1

9 787113 270681 >

定　价：20.00 元